池上　彰

日本語の「大疑問」

講談社+α《プラスアルファ》新書

まえがき

一九九九年（平成十一年）九月、茨城県東海村《とうかいむら》のウラン燃料製造工場で、日本初の「臨界《りんかい》事故《じこ》」が発生しました。現場の作業員や地元住民が「被《ひ》ばく」する大事故でした。このとき「被ばく」という言葉を聞いて、多くの人が「被爆《ひばく》」という文字を頭に思い浮かべ、とんでもない爆発事故が起きたと誤解しました。海外のマスコミも、「日本の東海村の核燃料工場で爆発事故」と速報しました。

しかし実際には、「被曝《ひばく》」したのでした。「被曝」とは、放射線に曝《さら》されることです。つまり爆発に巻き込まれたのではなく、放射線を浴びたのです。

どうしてこんな誤解が生まれたのか。「曝」という文字が常用漢字《じょうようかんじ》ではないため、テレビも新聞も「ばく」とひらがなで表記したのが、思わぬ誤解の原因でした。

日本語には、耳で聞いただけでは意味がはっきりしない同音異義語《どうおんいぎご》がたくさんあります。漢字を見て初めて理解できる言葉が多いのです。「ひばく」もそのひとつですが、常用漢字の制限に忠実な表記をしたため、誤解を招いてしまいました。
まことに日本語とは、むずかしく、疑問に満ちた言葉です。

＊

毎週NHK総合テレビで放送している「週刊こどもニュース」でのこと。出演者の子どもが「これ、食べれるのかな」と言うやいなや、すかさずお父さん役の私が、「食べられる、でしょ」と口をはさみます。子どもは、私の顔を見て苦笑《にがわら》い。「あ、また言われちゃった」という顔をします。

番組が始まって六年。出演する子どもたちも三代目なのですが、どの子どもたちとも、このやりとりです。このやりとりを、年輩の視聴者は「よくぞ言ってくれた」と受け止めてくださいますが、若い人たちからは「何を言っているんだろう」という反応です。

「ら抜き言葉」に加えて、「ムカつく」「うざい」等々、「若者の日本語は乱れている」と嘆《なげ》くことはたやすいのですが、そもそもこれは「言葉の乱れ」なのでしょうか。

私自身は決して「ら抜き言葉」を使おうとは思いませんが、しかし、「ら抜き言葉」が定着するのは〝時代の流れ〟だと考えています。一体どういうことなのか。それは、本文をお読みいただくとして、この本では、放送を通じて私がいつも悩み、苦労してきた日本語について、その〝不思議〟と面白さを、皆さんと共に考えてみたいと思います。

おっと、思わず「考えてみたいと思います」という表現を使ってしまいましたが、この表現、テレビのレポーターの常套句《じょうとうく》になっています。「考えます」とか言えばいいのに。

おやおや、今度は「とか」言葉が出てきてしまいました。

ま、とにかく、日本語の世界へようこそ。

二〇〇〇年二月

池上《いけがみ》　彰《あきら》

◉目次

第三章　日本語はむずかしい

第四章　日本語を捨てようとしたことも

第五章　漢字もあるからいい感じ

第六章　言葉は生きている

第七章　言葉は文化を映す

第八章　敬語を敬遠しないで

第九章 日本語は美しい

第一章　放送で苦労しています

東京と長野の間を走る？

私が担当している「週刊こどもニュース」では、放送前日の夕方、出演者の子どもたちに集まってもらって、一週間のニュース原稿を私が読んで聞かせます。耳で聞いてわからない表現があれば指摘してもらい、わかりやすくなるように直そうというわけです。

長野新幹線が開通したときのことです。このニュースを大人向けの原稿では「東京と長野を結ぶ新幹線が開通しました」という表現を使いました。子ども向けには「結ぶ」という表現がわかりにくいだろうと考え、「東京と長野の間を走る新幹線が……」と書き直しました。

この原稿を私が読みますと、出演者の男の子が、不思議そうな顔をして、「新幹線はどこへ行くの？」と尋《たず》ねます。

この質問の意味が、私たちスタッフにはわかりません。どういう質問なのか、何度もやりとりをしているうちに、ようやく理解できました。何とこの子は「東京と長野の間を走る」という言葉から、東京と長野を往復する新幹線ではなく、東京と長野の中間地点あたりを東西に走り抜ける列車をイメージしてしまったのです。

確かに、これも「東京と長野の間を走る」ことではありますが、こんな風に解釈されるとは、思ってもみませんでした。まことに、日本語はむずかしいものです。

「暦の上」とはどんなカレンダー？

「立春《りっしゅん》」のニュースが出てきたこともあります。よく一般向けニュースでは、「暦の上では春を迎えましたが、まだ風は冷たく……」という表現がありますよね。「週刊こどもニュース」でも「暦の上」という言い方をしようとして、ハタと困ってしまいました。出演者の子どもたちは、「暦」という言葉を知りません。「昔のカレンダー」と言い直すと、何だか去年のカレンダーのようなイメージがあります。

結局、「中国から伝わった昔のカレンダーの言い方で、この日から春になると考えられています」と言い換えてみたのですが、現代っ子には意味不明のままで、結局、納得できる表現が見つかりませんでした。

私たちが日頃ごく普通に使っている言葉を、あらためて説明しようとすると、実は自分自身が理解していないものがたくさんあることに気づかされます。

私は、大人向けと子ども向けの両方のニュース番組のキャスターをつとめてきました。子ども向けに日本語をやさしく言い換える仕事は苦労が多いのですが、大人向けのニュースを伝えていても、日本語のむずかしさを痛感することが、たびたびありました。そのいくつかをご紹介しましょう。

埼玉の「吉見百穴」を何と読む

埼玉県の吉見町《よしみ》に、国の指定史跡の「吉見百穴」があります。古墳《こふん》時代後期に作られた大規模な横穴墓群《よこあなはかぐん》で、実際には二〇〇以上の横穴があります。

この吉見百穴についてのニュース原稿が、埼玉県内の取材を担当しているNHK浦和放送局から送られてきました。私が本番前に原稿の下読みをしていますと、吉見百穴に「よしみ・ひゃくあな」というルビがふってあります。私は、「よしみ・ひゃっけつ」だとばかり思っていましたから、早速浦和放送局へ確認の電話をしました。すると、正式には「ひゃくあな」だというのです。「初めて知ったなあ」などと思いながらスタジオに入り、「ひゃくあな」と読みました。

その直後から、抗議電話が殺到しました。「ひゃっけつ」という読み方も知らないのか、というお叱《しか》りです。私と同じで、みなさん「ひゃっけつ」だと思っていたのですね。放送後に百科事典をひいてみますと、「ひゃっけつ」というルビをふったものもあったほどですから。

吉見百穴は、一九二三年（大正十二年）の三月に国の史跡に指定されました。このときから、正式には「よしみ・ひゃくあな」なのですが、いつしか誤った読み方が広がったようなのです。地元の教育委員会も、「誤った読み方が広がりまして……」と当惑しています。

放送後、抗議電話への応対に追われながら、私はスタッフにこう提案しました。

「百穴を『ひゃっけつ』だと思っている人が、いかに多いか、この電話が示している。地元の人たちにインタビューして、これは『ひゃくあな』か、『ひゃっけつ』か、という論争の企画番組を作ったらどうか。題して『けつあな論争』だ」と。

最後の一言が余計だったようです。スタッフのひんしゅくを買って、相手にされませんでした。

みんなが知っている二荒山神社

栃木県日光市の二荒山神社と言えば、みなさんご存じのことと思います。「ふたらさん・じんじゃ」と読みますね。ところが、同じ栃木県の宇都宮市に、同じ二荒山神社という名前で、「ふたあらやま・じんじゃ」と読む神社があるのです。関東地方向けのローカルニュースでは、この宇都宮の神社の話題がよく登場します。こちらの神社を紹介するたびに、「『ふたらさん』の読み方も知らないのか」という抗議電話がかかってきます。事情を知らないスタッフが電話を受け、「ああ、本当にそうですね。池上によく言っておきますから」と謝《あやま》ることもありました。

固有名詞の読み方に敏感な人が多く、みなさん、「自分の知識が正しい」と思っているのでしょうね。もっとも、最近ではテレビ画面に登場するレポーターと称する人たちが、ずいぶん変な日本語を使っていますから、テレビ画面に登場する人物の言い回しを疑ってかかる、という気持ちになっている人が多いのかもしれません。

「水面」は「みなも」か「みのも」か

放送で使う表現について、ていねいにご指摘いただくこともしばしばあります。「水面を渡る風も冷たくなり……」などという文章で「みなも」と発音したことについて、「正式には『みのも』ですよ」というお便りをいただいたことがあります。

私が使っているワープロでは、「みのも」と打ち込んでも「水面」に変換されないのですが、かつては「みのも」が正しい読み方でした。それが、今では「みなも」という読み方も許容されるようになったのですね。

五月のある日。よく晴れた一日について、「きょうはさわやかな一日でしたね」と発言したところ、「さわやかという言葉は、秋の季語です。五月の天候を形容する言葉としては不適当なのではないですか」と指摘するお便りをいただいたこともあります。視聴者の言葉への鋭敏な感覚に驚いたものです。

それ以降は、春や初夏には、「すがすがしい」という表現を使うようにしたものです。

言葉は時代とともに移り変わるものですが、本来の使い方について、視聴者からの温かい指摘を受けて目をひらかれる思いをすることもあるのです。

言葉の変化と言えば、「白夜」について、かついまは亡き言語学者の池田弥三郎《いけだやさぶろう》さんが、「本来は『はくや』という読みなのに、『知床旅情《しれとこりょじょう》』という歌の中で『びゃくや』という読み方をしてしまったために、間違った言い方が広まることになった」という趣旨《しゅし》のことを書いています。（池田弥三郎『暮らしの中の日本語』）

本来の読み方がすたれ、いつしか誤った読み方が定着していく、ということが数多くあるのですね。

雨模様なのに雨が降っている

放送の仕事をしていると、いつのまにか言葉に敏感になってきて、気になる言葉が増えてきます。「雨模様」というのも、そのひとつです。

ニュースを見ていると、「きょうはあいにくの雨模様となって……」とアナウンサーが原稿を読んでいるのですが、画面を見ると、雨が降っています。ありゃりゃ、と私が思うのは、こんなときです。

「雨模様」とは、正しくは、「今にも雨が降りそうで降らない状態」のことです。ですから、雨が降っていては、雨模様という言葉は使えないはずなのですが、語感から受ける印象のせいでしょうか、つい雨降りの描写に使いたくなるのでしょう。

新聞記事に「鳥肌が立った」!

一九九九年(平成十一年)八月、甲子園の夏の高校野球で群馬県勢として初めて優勝した桐生《きりゅう》第一高校を応援する地元の様子を伝える新聞記事の見出しに、「鳥肌たつ」という活字が躍《おど》っていました。

とうとう新聞までがこの表現を使い出したのか、とがっかりして、それこそ鳥肌が立つ思いで記事を読むと、「二〇代の女性」の発言として紹介されていました。新聞記者が使った表現ではなかったのですが、そのまま見出しにした担当者は、「鳥肌たつ」の意味がわかっていたのでしょうか。

言うまでもないことですが、「鳥肌が立つ」とは、ぞっとしたときや寒いときに、皮膚の筋肉が収縮して、まるで鳥の肌のようにブツブツができることを言います。ぞっとしたとき、つまり悪いニュアンスの言葉なのですが、いつのまにか「感動した」という意味に使われるようになりました。

これでは、たとえばお芝居などを見た後で、出演者に向かって、「思わず鳥肌が立ちました」などと言うと、言った本人は「感動した」という意味のつもりでも、言われた方は、「ぞっとするほど寒い演技だった」と言われたと誤解しかねません。

NHK放送文化研究所が、「鳥肌が立つような感動を覚えた」という言い方について、一般の人がどう思うか尋ねたところ、三〇代以上では「おかしい」と答えた人が多数なのに対して、二〇代では「おかしくない」という人の方が多くなっています。この表現が、若者から広がったことを示しています。

では、感動して鳥肌が立つことはないのか。ＮＨＫの『ことばてれび』という番組が実験したところ、感動的なドキュメント番組を見た人が、実際に鳥肌が立ったそうです。（ＮＨＫアナウンス室編『失敗しない話しことば』）

感動したときに鳥肌が立つということは、生理学的には間違いではないことになります。ということは、やがて、この使用法が社会に定着していくのでしょう。

間違った用法でも定着する

このように、もともとは誤った言い方でも、社会に広く受け入れられることで、正しい言い方として認知されることがあります。最近の例では、「早急」や「重複」があります。「早急」は「さっきゅう」という読み方しかなかったはずなのですが、多くの人が「早」の「そう」という読み方に引きずられて、「そうきゅう」と読むようになりました。「重複」という言葉も、正しくは「ちょうふく」なのですが、「じゅうふく」と読む人が増えました。「重」の「じゅう」という読み方に引っ張られたようです。

「ちょう」という読み方は、「軽重《けいちょう》を問う」や「重宝《ちょうほう》する」など古めかしい用例が多く、なじみがうすいために、つい、「重量」などの「じゅう」の読み方をあてはめてしまったのでしょう。

本来は間違った用法でも、社会の多数派が使うようになれば、正しい用法になります。言葉の使い方とは、「多数決の論理」なのです。

このため、NHKでも、「そうきゅう」や「じゅうふく」という読み方を許容することになりました。積極的にこちらの読み方をするわけではありませんが、間違い扱いはしないことになったのです。「重複」については、読み方の重複を認めることになったのですね。

日本語の問題点①　標準語か共通語か

NHKのアナウンサーやキャスターが話す日本語は、「標準語」だとよく言われます。「標準語」とは、「東京の山の手の教養ある家庭の言葉」と言われています。〝東京方言〟のひとつを「標準語」に採用したのですね。

でも、「標準語」と言いますと、それ以外の方言は、「標準からはずれた、望ましくないもの」というニュアンスが発生します。

これを避けるため、最近では「標準語」と言わず、「共通語」という言い方をするようになっています。全国どこに住む日本人にも通用する共通の言葉を用意しておくけれど、それが方言《ほうげん》より価値が高いわけではありませんよ、ということなのですね。

日本語の問題点② テレビニュースは話し言葉？

テレビやラジオのニュースに出てくる言葉は、話し言葉なのでしょうか。私たち放送局の人間は、「話すように書け」という指導を受けています。自然な話し言葉のような原稿を書けば、視聴者に抵抗なく内容が伝わるということなのでしょう。

しかし実際には、次のような表現がしきりに出てきます。

「犯人は現場から車を使って逃走したものとみられます」

「文部省は、小学校や中学校に総合学習の時間を導入したいとしています」

「〜とみられます」「〜としています」などという表現を、日常会話で使うことは、ほとんどないでしょう。

ニュースの放送用語は、戦後、新聞記事を参考にしながら作り出されました。このため、書き言葉と話し言葉の中間の表現が生み出されたのです。特に政治や経済のニュースですと、やわらかい話し言葉では、何だか権威がない感じになってしまうかもしれません。

でも、テレビやラジオが音声メディアである以上、新しい時代にふさわしい話し言葉のニュース用語を作り出さなければならないと、私は考えています。

第二章　とっても気になります

乱れた日本語にムカつく

初めは間違った使い方でも、みんなが使うようになれば、やがて正しい使い方になると書きましたが、「間違っている」と断定できないまでも、「何だか変な使い方だなあ」と思う言葉の用法は、世の中にあふれています。使い方に違和感を覚えて、「日本語が乱れている！」と怒り出す人もいます。

私が「ムカつく」という言葉の新しい使い方に初めて接したのは、一九九四年（平成六年）のことです。「週刊こどもニュース」を担当するようになって、出演者の小学校四年生の女の子が使っているのを聞いたときでした。

単にがっかりしたり、ちょっと腹が立ったりしたことに対して「ムカつく」という表現を使っているのです。あまりに不快な使い方に、聞いた私が思わずムカついてしまいました。「この言葉はね、とっても嫌な気持ちになったときにだけ使う言葉だから、簡単に使うと、言われた相手が怒り出すよ」とお説教をしてしまいました。

言うまでもありませんが、「ムカつく」とは、吐き気がするほどの激しい不快感を表現する言葉です。こんなに極端な表現を、ちょっと腹が立ったときに使ってしまう安易さや、元の語意に無頓着《むとんじゃく》な使い方に、やりきれなさを覚えたものです。

しかし、もちろんこの女の子に悪気《わるぎ》はありません。みんなが使っているのを聞いて、「ムカつく」という言葉は、こういう状況のときに使うものだ、と思い込んでいただけのことです。

その後、さまざまな場所で、若い人たち（こういう表現をすること自体、私が年をとったことを示しています）が、いとも気軽に「ムカつく」表現を使っているのを聞くことになりました。いつしか私自身、思わず使いそうになったことすらありました。

ＮＨＫの放送文化研究所が一九九六年（平成八年）に行った「第一〇回現代人の言語環境調査」によりますと、日本語が「非常に乱れている」と答えた人が二三パーセント、「多少乱れている」が六一パーセントとなっています。合わせて八四パーセントもの人が、「日本語が乱れている」と感じているという結果になっています。

一九八六年（昭和六十一年）の前回調査では「日本語が乱れている」と答えた人の合計が七七パーセント、さらに前の一九七九年（昭和五十四年）の調査では七二パーセントでしたから、「日本語が乱れている」と感じている人は、年を追って増えています。

では、みなさんは、日頃「日本語が乱れている」と感じることがあるでしょうか。この本を手に取られたということは、日本語に関心がある方でしょうから、当然感じていらっしゃるのかもしれません。

私の場合、次のような表現に戸惑《とまど》うことが多いのです。

いくらから預かるの？

スーパーマーケットやコンビニエンスストアで買い物をして、お金を払います。たとえば五〇〇円の買い物をして一〇〇〇円札を出すと、レジの店員が、こう言います。

「一〇〇〇円からお預かりします」

考えてみると、これは変な言い方です。一〇〇〇円「から」預かるとは、どういうことなのでしょうか。「小銭《こぜに》なんか受け取れない。一〇〇〇円以上だったら受け取ってもいいが」とでも言っているように受け取られる可能性すらあるのですが。

さらには、「レジの君にお金を預けたつもりはない。私はお金を払ったんだ」などと文句をつけたくなるかもしれません。

これは本来、まず「一〇〇〇円をお預かりしました」と言って、次に、「一〇〇〇円から五〇〇円をいただきます」というのが、正しい言い方のはずです。その両方の言葉をまとめて「一〇〇〇円からお預かりします」という言い方に縮めてしまっています。使う言葉を節約しているわけです。

この言い方は、実は「ボカシ表現」のひとつと考えることもできます。「一〇〇〇円をいただきます」と言い切ってしまうと、生々しくなってしまうので、「から」という表現で、生々しさをぼかしているというわけです。こうした「ボカシ表現」は、最近の日本語には大変多く見られます。

喫茶店に入ると、「おタバコのほう、お吸いになりますか?」と聞かれます。喫煙席か禁煙席かを尋ねているのです。「おタバコはお吸いになりますか?」でいいはずなのですが。

ラジオを聞いていると、「時刻のほうは、まもなく二時になります」。

これらは、いずれも「ほう」を取っても意味が変わりません。と言うよりは、「ほう」がないほうが曖昧《あいまい》さが消えるのですが、私たちは、つい使ってしまいます。何となくぼかした感じになって、柔らかくなると思ってしまうのでしょう。

このほか、「私はこう思います」と言えばいいのに、「ワタシ的には、こう思うんだけど」という言い方。

「私はこう思います」と言うと、断定した感じがして、自分の主張がはっきり出過ぎるので、それを避けた言い方です。

「ワタシ的にはこう思うけど、もちろんあなた的には別の考えがあるんでしょ。私は自分の意見に固執《こしゅう》しないから、どうぞ言ってみて」というニュアンスが背後に感じられます。

欧米ですと、「自分の主張をはっきりさせなさい」と指導されるところですが、日本では奥ゆかしさが尊重されるため、こんな言い方までが生まれたのではないでしょうか。

コーヒーしか飲んでいないのに、「コーヒーとか飲んで……」という表現。特にこの「とか」の乱用には、「とか弁」という〝愛称〟までついています。

そもそも「とか」は、「コーヒーとか紅茶とか」というように具体的なものを列挙するつなぎの言葉として使うか、「吉田とかいう人から電話があったよ」というように、不確かな場合に使うものでした。それがいつしか、たったひとつのことにも「とか」を使うようになったのです。

私などは、「コーヒーとか飲んでえー」という言い方を聞くと、「ほかに何を飲んだんだ」と問いつめたくなるのですが、こうした用法も、「から」や「ほう」と同じく、はっきり言い切らずに、わざと曖昧にする効果を発揮します。

こうした言い方について、歌人の俵万智《たわらまち》さんは、一九九八年（平成十年）に開かれた「日本語シンポジウム」の中で、「婉曲《えんきょく》な表現」だと指摘した上で、「日本人というのはなかなかものをはっきり言わないと言われますね。曖昧で婉曲な表現の方がていねいな印象を与えるという、そういう点ではいまの若い人たちも大いに日本人的だなということは感じますね」と発言しています。(『日本語よどこへ行く』)

若い人たちも、日本人の伝統をしっかり身につけているというわけです。きっとこれからも曖昧化の新表現が登場してくることでしょう。

「ら抜き言葉」に耐えれる?

一九九六年(平成八年)、フジテレビ主催のイベントのスローガンは、「テレビじゃ見れない、フジテレビ」でした。「見られない」ではなく、「見れない」という「ら抜き言葉」を堂々と使っています。

若者が、いわゆる「ら抜き言葉」を使っていることに対する厳しい批判があることを知った上での表現なのでしょう。若者に人気のあるフジテレビらしい表現です。これには、「マスコミが率先して間違った言葉を使うなんて」と眉《まゆ》をひそめた大人も多かったようです。

でも、「ら抜き言葉」でこそ伝わるニュアンスもある、という主張が込められていたのでしょう。

「食べられる」ではなく「食べれる」、「見られる」の代わりに「見れる」……こうした可能を表す「られる」の「ら」を抜くのが、「ら抜き言葉」といわれるものです。

若者の「ら抜き言葉」に対する私の態度は、「まえがき」で書いた通りです。日本語の乱れの証拠として、怒《いか》り心頭《しんとう》の人がもっとも多い言葉でしょう。

私が夕方六時台の一般向けニュース番組を担当していたときのことです。地方の女性レポーターが、船の上での魚釣りのレポートをしていて、「この魚は、ここで食べれます」と発言しました。カメラが東京のスタジオに切り換わったところで、私は「魚は食べれるではなくて、食べられる、ですよね」と言い足しました。

この後の一週間、「よくぞ言ってくれた」という視聴者からの手紙が相次《あいつ》ぎました。一通だけ、「全国放送の中で若いレポーターに恥《はじ》をかかせるような言い方をしたのはいかがなものか」というお叱りがあって、私はいたく反省しましたが。

このエピソードからも、若者の「ら抜き言葉」に対して、いかに多くの人が不快感を持っているかを知ることができました。

それだけ評判の悪い「ら抜き言葉」ですが、実はそれなりの意味があると肯定的《こうていてき》な評価をする国語学者も多いのです。これについては、あらためて第六章で考えることにします。

ただ、一九九五年（平成七年）一一月、文部省の国語審議会は、「ら抜き言葉」について、「話し言葉としてのら抜きは認めてもいいのではないか。しかし、改まった場合や書き言葉では、まだ認めるのは早い」という内容の報告をまとめました。このあたりが、現時点での社会的〝平均値〟なのかもしれません。

日本語の問題点③　国語審議会とは？

文部大臣の諮問《しもん》（文部大臣が相談すること）に応じて、国語の改善について調査したり審議したりして、「こういう改革をしましょう」と呼びかける（建議《けんぎ》する）機関です。

すでに一九〇二年（明治三十五年）には「国語調査委員会」ができ、その後、国語調査室、臨時国語調査会などと名前を変えてきました。第二次世界大戦後は、一九四六年（昭和二十一年）に「当用漢字表」と「現代かなづかい」を答申《とうしん》したのをはじめ、さまざまな国語改革を進めてきました。

その一方で、伝統的なかなづかいや表記を重視《じゅうし》するグループから批判を受けることもあります。

言わさせていただきます

政治家の記者会見をテレビで見ていると、「言わさせていただきますが……」と話しています。

「ら抜き言葉」に対して、こちらは「さ入れ言葉」といいます。

「言わせていただきます」でいいのに、「さ」を入れると、「大変失礼かもしれませんが、私にも言いたいことがあるので、言わせていただくのです」というていねいな感じになるというわけです。こうした必要以上のていねいな言い方は、サービス産業から広まったと考えられています。

窓口で待っていると、担当者はお客に向かって、「準備ができましたら、お呼びさせていただきます」。

「お呼びします」よりずっとお客を大事にしている感じになると考えているのでしょう。これが「読まさせていただきます」や「聞かさせていただきます」になりますと、むしろ不必要な「さ」になり、大変くどくて聞き苦しくなります。「読ませていただきます」や「聞かせていただきます」で十分ていねいな語感が出ているのですが。

「さ」を入れることで、相手の許可をいただきながらやっているのです、というへりくだった姿勢を示しているのでしょうか。

この用法について、いまは亡き作家の司馬遼太郎《しばりょうたろう》さんは、「日本語には、させて頂きます、というふしぎな語法がある」と書き出して、浄土真宗《じょうどしんしゅう》の考え方から来たものだ、と説明しています。（司馬遼太郎『近江《おうみ》散歩、奈良散歩』）

浄土真宗では、すべては阿弥陀如来《あみだにょらい》のお蔭《かげ》という考え方なので、お寺でありがたい話を聞かせていただき、用があれば帰らせていただき、夜は寝かせていただく、という発想になるのだと解説しています。

ここから、自分のお金で切符を買ったのに、「地下鉄で虎ノ門までゆかせて頂きました」という不思議な用法も生まれるというのです。この用法は、浄土真宗の信徒だった近江商人が、各地で商《あきな》いするときにもこの言葉づかいをし、次第に東京に浸透《しんとう》したのではないか、と推理しています。

すべては阿弥陀如来のお蔭、という考え方は、すべてはお客様のお蔭、という発想に結びつくのでしょう。（「お客様は神様です」というセリフもあります。おっと、ここでは「ほとけ様」でした）

もともとは阿弥陀如来のお蔭、という宗教的な発想が、やがてていねいな言い方と受け止められて広まっていく、という言葉のダイナミズムを感じさせます。

でも、「さ」の乱用は、とにかく文章が長くなれば、それだけ〝敬語〟を使っている気になる、という若者の思考法を感じさせます。何としても相手に不快な感じを与えてはならない、という人間関係への過剰《かじょう》な気配りが感じられて、私などはあまりいい感じを持たないということを、ここで言わせていただきます。

日本語の問題点④　コーヒーでいいです

喫茶店にみんなで入り、注文することになりました。

「僕がおごるよ。君は何にする？」

「コーヒーでいいです」

「おいおい、せっかくおごってやるのに、コーヒーでいいです、なんて言われるとガッカリだぞ。どうせ大したものがあるわけじゃないから、と言っているようなものじゃないか」

こんなやりとり、ありそうですよね。たかがコーヒーをおごってもらったくらいで会社の上司のお説教を聞かされるなんて、割《わり》に合いません。

でも、確かに私たちは、つい「コーヒーでいいです」と言いがちです。投げやりに聞こえたり、仕方がないから、というニュアンスに受け止められたりしますから、注意したい言葉です。

しかし、もともとは、「私のようなものにまでおごっていただけるなんて、もったいないことで、私は、コーヒーで結構です」という、極めてへりくだった言い方が縮められた言葉だったのではないかと私は推測しています。これも、相手への配慮から始まったはずだったのに、いつしか言葉だけがひとり歩きして、かえって相手に失礼な物言いと受け止められるようになってしまったのではないでしょうか。

「チョー」が超多すぎる

かつて「チョベリバ」という言葉がはやったことがあります。女子高校生の間の流行語で、「チョー・ベリー・バッド」つまり「とっても大変悪い」という意味の略語だったのですが、あっという間に使われなくなりました。いま頃使うと、「ダサイ」と言われることでしょう。

「チョベリバ」はすたれても、「チョー」が消えることはありません。「チョー面白い」「チョー疲れた」などと、さまざまな形容の言葉の前について、その言葉の意味を強調しています。

「チョーすごい」などという表現を聞きますと、私は、物事の素晴らしさを強調する日本語の語彙《ごい》はもっと豊富にあるのだから、ほかの言い方を試みてはどうか、などと思ってしまうのですが、いろいろな場面で使われる便利な表現なのでしょう。

「チョー」という言葉を、強調表現としてしか使わないため、ある大学の授業で、教材の文章に「超自然的現象」という言葉が出てきたところ、学生たちが「とっても自然なこと」だと誤解したというエピソードがあるそうです。

念のためですが、「超自然的」とは、「自然界では考えられないような神秘的なこと」という意味です。

この「チョー」という表現は、東京外国語大学の井上史雄《いのうえふみお》教授の研究によると、静岡県内で使われていた方言が、神奈川県を経て東京で使われるようになり、マスコミを通じて一気に全国へ広がったということです。（井上史雄『日本語ウォッチング』）

NHKの「週刊こどもニュース」でも、一九九八年（平成十年）十一月、静岡県富士市で街頭インタビューしたところ、三〇代前半の人たちが、小学生のときに使っていたと答えています。方言が、このように東京に伝わり、マスコミを通じて全国に広がるというパターンは、ほかにも見られます。「うざったい」という言葉も、そのひとつです。

これも井上史雄教授によると、東京多摩地区で主にお年寄りが使う言葉だったものが、いつしか若者言葉になり、もともと不快感を示すものだったのが、単に「わずらわしい」という意味でも使われるようになったということです。

さらに、若者同士で使っているうちに短縮が進み、「うざい」という言葉に変化しました。

「まったりした」という言葉も、関西の方言だったものが、料理マンガの中で料理の食感を表す言葉として使われ、それがテレビの料理番組にも登場して、全国に広まりました。

方言だったために東京の若者にとっては新鮮に感じられた言葉が、新しく生命を得て、広く伝わっていくダイナミズムが感じられます。まさに、言葉は生きている、のです。

疑問に思っているの？

私の番組のスタッフに、会話の中で、特に質問をしているわけでもないのに、語尾をいちいち上げる話し方をする女性がいたことがあります。初めは、私に尋ねているのだろうと思って、そのたびにうなずいたり、返事をしたりしていたのですが、途中で、どうもそうではないことに気がつきました。

これが、いわゆる「半クエスチョン」とか「語尾上げ言葉」とか言われるものだったのです。

「来週の？　番組は？　特集の形にして？　……」という調子で延々続きます。

言う本人は気がついていなくても、これは、何だか上目づかいに相手の反応を確かめながら話をしている感じがして、私には耳障《みみざわ》りなのですが、作家の清水義範《しみずよしのり》さんは、若い女性がこういう話し方をするのは、ちょっとコケティッシュで自分が可愛らしく見えると思っているのではないか、と分析しています。（ＮＨＫアナウンス室編『失敗しない話しことば』）

一方、井上史雄教授は、「効果のある話し方」だと指摘しています。「短い時間内で相手の注意を惹《ひ》きつけながら、相手の理解度を確かめることができる」というのです。相手が知っているかどうか不明な単語や固有名詞を話題に出す場合、いちいち相手の知識を確かめるのはわずらわしいし、相手に失礼な場合もあるので、「ちょっと語尾を上げて、相手の視線を見る。相手がそこでうなずいたら続ける。うなずかなかったら解説を加える。それができる」というのです。(『日本語よどこへ行く』)

人によって受け止め方は異なりますが、私には、常に相手の反応をうかがいながら、慎重に自分の論旨を展開させているように見えます。清水さんは、最近の若者は人間関係に慎重で、相手のことを傷つけまいと極端に気をつかう人が増えているからではないか、とも言っています。

とすると、スタッフの女性も、私を傷つけまいと、配慮しながら話していたのでしょうか。確かに、とっても心やさしい女性でしたが。

押しつけじゃないですか

「わたしって、辛《から》いものだめな人じゃないですか」

こんなことを、あまり親しくもない女性から言われると、思わずドギマギしてしまいます。料理の好みを知っていることを前提にした話をされても、相手の好みを知っているほど親しくない私は、戸惑《とまど》ってしまいます。でも、実はこれ、私が食べ物の好みを知っているかどうかは、関係ないのです。

下降調《かこうちょう》のイントネーションで「〜じゃないですか」と話すのが、若い人たちの間では、ごく普通になっているのです。「わたしって、辛いものだめな人じゃないですか」と言われても、「そんなこと知らないよ」と返事をしたくなります。「そんな風に言うなんて、私への押しつけじゃないですか」と言い返したくもなります。

と言うのは、本来こうした用法は、相手が知っている知識を前提とした会話の中で使うものだからです。お互いが過去に一緒に食事をしていて、自分が辛いものが苦手であることを知っている相手に話しかける場合には、この表現が可能ですが、そんなことを知らない人には、使えないはずの表現でした。

しかし、いまの若い人は、そうした文脈に頓着することなく気軽に使います。単に「わたしは辛いものが苦手なのですが」と言っているにすぎないのです。「あなたと私は親しい関係ですよね」と常に確認しながら行う会話なのです。

対人関係に気をつかって会話する点においては、半クエスチョンのイントネーションの会話と同じ傾向だと私は思っています。

平板化するアクセント

日本のサッカー界にJリーグが発足したとき、応援する人たち＝サポーターを、どんなアクセントで発音するかが、放送の世界で問題になりました。

これまで「サポーター」という言葉は、スポーツのときに腕や足に着《つ》けるものでした。この場合、アクセントは「ポ」につきます。「ポ」を高く発音するのです。

しかし、Jリーグに登場したのは、サポートする人たちのことです。同じアクセントでは感じが出ません。そこで、「サポーター」と全部を平板に読むアクセントにしたのです。同じ読みでも、アクセントで違いを持たせたのですね。

実はこういうアクセントの違いは、さまざまな分野に広がっています。「パンツ」を「パ」を高く読めば、男性用の下着になりますが、全部平板に「パンツ」と読めば、ズボンのことになり、女性用にも使えます。

「ショップ」の文頭を高く発音すれば、一般のお店を英語で言っただけのことですが、平板に「ショップ」と言いますと、特に若者向けの洋装店のことを指します。

「チーム」も、文頭が高ければ、野球のチームのようなスポーツチームのことですが、平板に発音すると、東京渋谷のセンター街でたむろしている若者グループのことを意味します。

こうしたアクセントの使い分けで意味が変わる例でもっとも有名なのは、「カレシ」でしょう。女性にとっての「彼氏」は、文頭を高く発音すれば、ただのボーイフレンドですが、平板に発音すれば本命の男性を意味することになるというわけです。「彼女」についても同じで、「カノジョ」を全部平板に発音すると、自分にとって特別な女性を意味するというのです。

アクセントを変えることで、同じ言葉をまったく別の意味に使うとは、大した発明です。

このように平板化するアクセントには、実は明らかな傾向があります。その用語を常に使う立場の人たちが、平板に発音することが多いということです。

たとえば、海でサーフィンをする人を意味するサーファーは、一般には文頭の「サー」を高く発音しますが、サーファー仲間では、全部を平板に発音するのです。

「君って、サーファー?」と尋ねるとき、平板なアクセントなら、言外に「僕もサーファーなんだけど」と言っていることになります。バンド仲間は「ドラム」を平板に発音します。コンピューターのプログラマーは、「データ」を平板に発音します。「データ」を平板に発音する人は、言外に「私はコンピューターができます」と言っていることになります。

日本に新しく入ってきた外来語は、当初は本来の発音に比較的忠実なアクセントで発音されていますが、やがて慣れ親しんでくると、平板になってくるという傾向があります。この傾向が、用語を常に使う人たちの集団では、より早く進むということなのでしょう。

こうした平板なアクセントのことを、東京大学名誉教授の柴田武《しばたたけし》さんは、「仲間うちアクセント」と呼んでいます。（柴田武『日本語はおもしろい』）

一方、井上教授は「専門家アクセント」という呼び方を紹介しています。（井上史雄『日本語ウォッチング』）

こうしてみると、初対面の人がカタカナ言葉をどのようなアクセントで発音するかで、その人の職業や興味の分野を推測できることになります。この点でも、言葉はその人を表すのです。

日本語の問題点⑤　地元の地名も平板になる

慣れ親しんだ言葉は平板になるという原則は、地名にもあてはまります。全国的な共通語としては頭高《あたまだか》のアクセントになる言葉でも、地元の人は平板に発音するということがよくあります。

山口県の「萩」や群馬県の「前橋」など、NHKのアナウンサーが東京のアクセントに従って読むと、地元の人から苦情が寄せられる、ということが起きて、アナウンサー泣かせです。

言語学者の金田《きんだ》一春彦《いちはるひこ》さんによると、JR東海道線の駅名は、東京から西へ、「しながわ」「よこはま」「おだわら」までは平板に発音し、「あたみ」から頭高の発音になります。小田原までは東京の人にとって地元の感覚になるというのです。東京の人にとって、熱海は旅行に行く所＝遠い場所という感覚があるからでしょうか。

鼻に抜ける音が抜けると

私が電話をかけて「いけがみといいますが」と名前を名乗りますと、よく「いけなみさんですか」と聞き返されることがあります。ああ、この人は鼻濁音《びだくおん》が発音できない人なのだな、と気がつき、「いいえ、いけ**が**みです」と、「が」を濁音の発音に変えて訂正します。

日本人は英語のLとRの発音の区別がむずかしく、聞き分けるのも困難だと言われます。鼻濁音も、発音できない人には、聞き分けることが困難なのです。鼻濁音の発音ができない人は、鼻濁音の「が」を「な」と聞き間違えることがあるようです。

私がこんなことを言うと、柴田武さんから、鼻にかけて発音する鼻濁音ができる人は「ときに鼻にかける」（柴田武『日本語はおもしろい』）と皮肉《ひにく》られるかもしれません。

東京の発音には鼻濁音がありますが、東海や北関東、西日本など、鼻濁音が存在しない地方は多いからです。永六輔《えいろくすけ》さんは、ご自分のラジオの担当番組で、手紙の差出人の住所を見て、鼻濁音がある地方の人の手紙は鼻濁音で、そうでない地方のものは濁音で読み分けるということです。

鼻濁音ができない人に鼻濁音を説明するのはなかなかむずかしいのですが、「マンガ」という言葉の「ン」と「ガ」の間の鼻にかかったような発音が、鼻濁音です。

文字表記では、「が」という文字の「゛」を「°」に変えて鼻濁音を表します。「か°」と書くのですね。

英語の発音記号では、「ŋ」という「n」と「g」を合わせたようなものになります。

さあ、あなたは鼻濁音を発音しているでしょうか。井上史雄教授は、こんな判別法を紹介しています。

「自分が鼻濁音を発音しているか気になる人は、鼻をつまんで、鼻の穴から息が出ないようにしてから『かげ』『あご』などと発音してみればいい。鼻濁音を使っている人は、ガ行のひびきがおかしくなり、鼻がつまったように感じられるはずである。鼻濁音を使わない人は、影響を感じない」

実験の結果はいかがでしたか。鼻に抜ける音はやわらかい響きとなり、私など美しい発音だと思うのですが、鼻濁音がない地方で育った人にとっては、勝手な言い分だ、ということになるようです。

この鼻濁音は、文頭には来ないという原則があります。たとえば、「学校」の文頭の「が」を鼻濁音で発音しますと「ンっがっこう」と聞こえてしまいます。文頭は濁音で発音するのです。

これが「小学校」になりますと、「が」は単語の途中ですから、鼻濁音に変化します。ところが、「高等学校」は、意味が「高等」と「学校」に分かれますので、「が」は濁音になってしまいます。こうした変化も、鼻濁音がない地方の人たちにとっては、やっかいなものなのでしょう。

この鼻濁音をめぐっては、いまの皇后が皇太子妃に決まったときの記者会見が、思わぬ論争を引き起こしました。一九五八年（昭和三十三年）一月、皇太子妃に決まった正田美智子さんが宮内庁《くないちょう》で記者会見したのですが、このとき「が」の発音が鼻濁音でなかったことに気づいた池田弥三郎さんが、新聞で「鼻濁音にされたらどうか」と指摘しました。

その数ヵ月後、美智子さんは、見事に鼻濁音を披露して、関係者をあっと言わせました。池田さんが感激したことはもちろんですが、池田さんの忠告に、「余計なお世話だ」と激しく反発した文学者や国語学者も多かったのです。

鼻濁音を発音できる人は、年を追うごとに減っています。これについては、第六章で改めて触《ふ》れますが、鼻濁音を大切にしている人にとっては、日本語が乱れている現れのひとつと受け止められているのです。

第三章　日本語はむずかしい

これ、間違いですよ

前の章では、私が日頃、気になっている言葉づかいについて取り上げました。この章では、最近よく問題にされる誤用《ごよう》例をいくつか見てみましょう。日頃みなさんが見聞きする言葉が出てくるはずです。いまは間違った使い方に分類されますが、やがては正しい使い方の仲間入りをするかもしれない言葉です。

青田買い？　青田刈り？

教育関係の雑誌に、最近の大学入試の傾向が出ていました。筆記試験や推薦入試より前に、大学の担当者が受験生と会って、長い時間をかけて話し合い、入学させるかどうかを決める新しい方式が増えている、という記事でした。この中に、こうした方式は、「推薦より早期に接触できる青田刈《あおたが》り入試だという声も聞くが」という表現がありました。

おやおや、典型的な勘違《かんちが》いだな、と思わず苦笑させられました。筆者は、「青田買《あおたが》い」のつもりで「青田刈り」を使ったのでしょう。

ご存じの方も多いと思いますが、「青田買い」とは、田んぼの稲が、まだ青いうちに買う契約をすることですね。この稲を学生にたとえて、まだ実ってはいないけれど（十分な学力はついていないけれど）、いずれ収穫できる（卒業できる）ことを見越して契約することを言います。

これに対して「青田刈り」とは、田んぼの稲が実るのを待たずに刈り取ってしまうことです。収穫をあきらめるということですから、青田買いとは、まったく意味が異《こと》なります。たまたま言葉づかいが似ていたため、誤用されるようになったのです。

もっとも、最近の大学生は、卒業したところで十分な学力がついているとは言えないことが多く、青田刈りのようなものかもしれませんが。

情けは誰のため？

「情けは人のためならず」ということわざは、人に情けをかけると、次のどれになるというのでしょうか？

①ろくな結果にならない
②相手のためにならない
③かならずよい報《むく》いがある

これは、一九九六年（平成八年）、ＮＨＫの放送文化研究所が学生を対象に行った調査です。

結果は、①と答えた人が七パーセント、②を選んだ人が五三パーセント、③は三七パーセントでした。

過半数の人が、「人に情けをかけると、その人のためにならないから、情けはかけない方がいい」と思っていることがわかります。

念のために早めに書いておきますと、正解は③です。「ためならず」というのは古い言い回しですが、「ためにあらず」という意味です。つまり、「情けをかけるのは、人のためにあらず」⇩「その人のためだけではない」⇩「自分のためだよ」ということだったのです。「他人に情けをかけると、回り回って、結局は自分にもいいことがあるから、他人を助けてあげなさい」という考え方なのですね。

それが、いつのまにか、「他人に情けをかけると、その人が甘えてしまったりして、自立できなくなり、結局はその人のためにならなくなる」という意味に解釈《かいしゃく》されるようになったのです。「情けをかけるのがやさしいように見えるけど、その人のためにはならないから、冷たいように見えても、情けはかけないよ。それが本当のやさしさなんだから」というように使っているのでしょう。

これは、「ためならず」という古い言葉の本来の意味がわからなくなったので、間違って使うようになったのだ、というのが一般的な解釈です。

私もその通りだとは思いますが、もうひとつ、「情け」という言葉の解釈を誤解していることも原因なのではないでしょうか。「情け」を同情と考えてしまったからではないかと思われます。「情け」には同情という意味もありますが、この場合は、愛情や思いやりという意味で、仏教の「慈悲《じひ》」と同義語になります。「他人に対して愛情を持って接していれば、結局は回り回って自分にも他人からの愛情がもたらされる」という、仏教の因果応報《いんがおうほう》の精神を説いたものでした。

「他人の同情なんか欲しくない。その気持ちはほかの人も同じだろう」という解釈が広まったのではないか、とも考えるのですが、いかがでしょうか。

もともと仏教界の言葉だったのですが、いつしか「他人に親切にしておけば、結局は自分が得をする」というように実に功利《こうり》的な解釈となりました。そんな自分勝手な考え方よりは、「相手への本当の思いやりは、同情しないことだ」という考えの方が、人間的にすぐれたものだと受けとめられるようになったのではないでしょうか。

このことわざについて、江國滋《えくにしげる》さんは、あるテレビ番組が話題に取り上げ、女性レポーターが街頭で「情けは〝人のためにはならず〟ということわざの意味を知っていますか？」と聞いていたというエピソードを紹介しています。（江國滋『日本語八ツ当り』）
こう聞かれたら、「親切にすることはその人のためにならない」と答えるしかないではないか、と皮肉っています。きっと、この女性レポーターも、真意を理解していなかったのでしょうね。

「気がおけない」の気が知れない

「あの人は気がおけない人だから」と、ある人をほめたつもりだったのに、「あいつはお前のことを信用できない人間だと言っていたぞ」などと伝えられてはたまりませんよね。

間違った使い方がいつしか市民権を得て、一般的に使われるようになることはいくらでもありますが、「気がおけない」という言葉では、正しく使う人と、間違って使う人が混在しているために、人間関係にヒビが入りかねません。「気がおけない」とほめたはずなのに、間違って伝わって、「気がおける」人になってしまっては、悲しいことです。

恥をしのんで告白すれば、私もかつて、「気がおけない人」というのは、「信用できない人」だと思っていました。「気がおけない」という言葉の「おけない」は「置けない」という字を書きます。私は「ない」という否定形の語感から、「悪いニュアンスの言葉だろう」と思ってしまったのです。

また、「気がおけない」は、「気を許せない」という言葉にも語感が似ています。「許せない」も否定形。やっぱり悪いことだ……と解釈する人も多いことでしょう。

実は、「気」という言葉には、多様な意味があるのです。まさに「気が多い」……おっと、これはまた別の意味でした。

「気がおけない」の「気」は、気にする、気にかかる、気をつかう、というときの「気」です。つまり、「相手を気にする必要がない」⇩「気楽につきあえる」という意味になるのです。

何でも言えて、まったく気兼《きが》ねすることのない相手。自分にとって、こんな相手だから、「気がおけない」人、と言えるのですね。そんな存在の人だったら、「気がおけない」という言葉の意味が誤って伝わっても、「あいつがオレの悪口を陰で言うわけない」と、笑って推《すい》察《さつ》してくれるかもしれません。

私には役不足？

「このたび、課長の辞令を受けました。私には役不足ではありますが、全力を尽くします」

こんなあいさつを聞いた課の年輩のメンバーが、「今度の課長はずいぶん傲慢《ごうまん》だなあ。課長じゃ我慢できないと言ってるぞ」

新しい課長は「自分は力不足で、課長という役職は重すぎますが」と謙遜《けんそん》したつもりで言ったのでしょうが、使い方を間違えたために、誤解されてしまったようです。

でも、NHK放送文化研究所の一九九二年（平成四年）の調査では、六六パーセントの人が、この課長と同じように受け取っていたという結果が出ていますから、課長の誤解も無理ありません。正しい意味を知っていたのは、三〇パーセントにすぎませんでした。

「役不足」とは、その人の力量にとって、仕事＝役の重みが不足している、という意味なのです。「私には役不足」と言えば、「私はもっと力があるから、こんな役職は軽すぎて満足できない」という意味になります。この課長は、「力不足」と「役不足」を混同していたのですね。

日本人は、会話のとき自らを謙遜した言い方をします。この言葉も、へりくだったのでしようが、正しい使い方を知らないと、とんだ誤解が生じるという典型例です。

「耳障り」なのに「耳ざわりがいい」

「さっき、耳ざわりな言葉を聞いてね」
「へえー、なんだって？」
「ラジオで、〝耳ざわりがいい〟って、言ってたんだ」
「？　？　？」

この会話の意味がわかりますか？「耳ざわりがいい」という言い方をよく聞く人だったら（自分でも使っていたら）、別におかしくないと思うでしょうね。

でも、「耳ざわり」とは、元々「耳障《みみざわ》り」と書きます。「耳にとって差《さ》し障《さわ》りがある」という意味で、「目障《めざわ》り」とともに、不快なことに使われてきました。ですから、「耳ざわりがいい」という言葉は「耳障りがいい」ということになってしまい、これでは「耳に差し障りがあることがいい」という意味不明の言葉になってしまいます。

きっと、「耳ざわり」の「ざわり」を耳で聞いて、「手触《てざわ》り」や「肌触《はだざわ》り」などと同じ「触り」だと誤解した人がいたのでしょう。「手触りがいい」と言いますから、「耳ざわりがいい」と言い出したのではないでしょうか。こうなると、「耳ざわり」は「耳触り」と書かなくてはならなくなりますね。

「手触り」や「肌触り」、「歯触り」などという言葉は、直接触れた感覚です。耳や目は、対象物に直接触れることができません。この違いが、両者の使い分けになっていたのです。でも、電車内でイヤホーンの音量を大きくして音楽を聞いている人の横にいますと、まさに音が耳に直接触れているとしかいいようのない大きな音ですから、「耳触り」という言葉が生まれても仕方がないのかもしれませんが。

濡れ手でアワを食う

昭和の終わりから平成にかけて、リクルート事件が世間を騒がせました。株式会社のリクルートが、政財界の要人《ようじん》に、公開前の株を額面価格《がくめんかかく》で譲《ゆず》った事件です。安く譲り受けた人たちは、株が公開されて高値がついたら、すぐに売却し、高額の収入を得ました。リクルートのこの行為が、贈賄《ぞうわい》のワイロに当たる、と刑事事件になりました。このとき、「まもなく高値になることがわかっている株を譲ってもらえるなんて、まさに濡《ぬ》れ手でアワだね」としきりに言われたものです。

このとき、「アワ」を平板なアクセントで発音する人が多かったのですが、これでは「濡れ手で泡《あわ》」になってしまいます。風呂に入っているのか、洗濯でもしているのでしょうか。

正しくは、「濡れ手で粟《あわ》」です。「粟」の「ア」を高く発音します。

粟はイネ科の植物です。「アワやヒエ」と言われるように、むかしは米の代用食としてよく食べられました。小さな軽い粒で、濡れた手で触ると、たくさん手についてきます。そんな様子から、簡単に手に入るたとえとして使われるようになったのですね。

そんなことを知らずに使う人が多いことに驚いた当時の私は「アワ（泡）を食った」ものです。

名誉を挽回するつもりだった

「あの人は前回失敗しているから、ここで汚名挽回《おめいばんかい》といきたいところだろうね」

こんな言い方、よく耳にしますよね。特に野球中継ですと、「守備でエラーして相手に点を与えているだけに、ここでヒットを打って汚名挽回といきたいところです」などと言います。

でも、よく考えてみると、「挽回」というのは、一度失ったものを取り戻すことです。ということは、「一度失った汚名を取り戻す」ということになります。せっかく汚名がなくなったのに、再び取り戻そうとするなど、変なことです。

これは、「汚名返上」と「名誉挽回」という、意味が似た二つの言葉を混同して生まれた言葉です。「汚名返上」は不名誉な評判をお返ししようということですし、「名誉挽回」は、失った名誉を取り戻そうとすることです。使う側からすれば、「何とか汚名を返上して名誉を挽回したい」という強い気持ちが、二つの言葉を合わせて使う、ということになったのではないでしょうか。

二つの言葉が一緒になった

このように、二つの言葉が一緒になって、ぼんやり聞いていると気がつかないけれど、よく考えてみればおかしな言い方、というのが実はたくさんあります。そのいくつかを挙《あ》げておきましょう。

「寸暇《すんか》を惜《お》しまず」

「あの人は寸暇を惜しまず働いているねえ」と言われたら、「あの人」は、よく働いているのでしょうか。それとも、よく遊んでいるのでしょうか。

「寸暇」とは、ちょっとした暇のことです。ちょっとした暇も惜しんで働いているのなら、働き者ということになりますが、「惜しまず」だったら、ちょっとした暇を十分楽しんでいることになります。

これは、「寸暇を惜しんで」という言葉と、「努力を惜しまず」「骨身を惜しまず」という似た言葉が混同されたのでしょう。

［的《まと》を得《え》た］

「あの人はいつも的を得たことを言うねえ」この表現は、的を射《い》ていないのですね。

「的」とは、弓矢の標的のことです。「的を得た」と言えば、標的をもらった、ということになってしまい、意味が通じません。

「的を射た」のでしたら、そのものズバリの核心をついたことになります。

この言葉は、「的を射た」と、「当を得た」という似た言葉を混同したのでしょう。

［例外にもれず］

「例外にもれず、誰でも参加できます」

「例外にもれず」を文字通り解釈すると、「例外からもれることはない」⇩「例外に含まれる」という意味になってしまい、冒頭《ぼうとう》の例文は、「例外として誰でも参加できます」という不思議な文章になってしまいます。例外の例文を出したことになりますね。

これは、「例外なく」の単なる言い間違いとも受け取れますが、「ご多分《たぶん》にもれず」との混同の可能性が高い表現です。

［体調をこわす］

「いやあ、きのうは体調をこわしちゃってねえ」

「飲みすぎだろ。体をこわすだけでなく、体調までこわしちゃったら、日本語をこわすことになるぞ」

これは、「体調を崩《くず》す」と「体をこわす」の混同ですね。

［ケンケンガクガク］

これは、似た意味の言葉の混同というよりは、似た響《ひび》きの四字熟語《じゅくご》が誤って一緒になった例です。「きのうはケンケンガクガクの議論をしてね」などと、「侃々諤々《かんかんがくがく》」と「喧々囂々《けんけんごうごう》」が混同されています。

「侃々」は強く真《ま》っ直《す》ぐで、「諤々」は激しく言い争うことですから、「侃々諤々」は遠慮《えんりょ》なく議論することです。冒頭の例文は、「カンカンガクガクの議論」と言うべきでした。

これに対して「喧々」の「喧」は喧嘩《けんか》の喧です。やかましいという意味で、「囂」も騒がしいということですから、「ケンケンゴウゴウ」は、うるさく騒ぐことです。特に「囂」には「口」が四つも入っています。どんなに口うるさいかが、わかると思います。

こんなにある「馬から落馬」

似た意味の二つの言葉の混同の次は、重複用語の例です。同じ意味を重ねてしまうものです。こうした言葉のことを私は「馬から落馬」言葉と呼んでいます。言うまでもありませんが、「落馬」に馬から落ちるという言葉が入っているからです。「美女の女性が」のたぐいですね。

「君の家には元旦《がんたん》の夕方に行くからね」

「元旦」とは「元日の朝」という意味ですから、これは変な言い方ですね。「元旦の朝」という言い方もありますが、これでは重複表現です。

「君の合格の朗報を期待して待つからね」

「期待」とは、「期して待つ」ことで、「期待」という言葉の中にすでに「待つ」という言葉が入っています。

「選手たちは、炎天下《えんてんか》のもと熱戦を繰り広げていました」

「炎天下」とは、「炎天のもと」ですから、炎天のもとのもと、になってしまいます。

「新ゲーム機は、年内中には発売開始です」

「年内は今年のうち」ですから、年内中では今年のうちのうち、です。「発売」とは売り始めることですから、「発売開始」は売り始めることを始める、のです。

「ここに捺印《なついん》を押してください」

捺印とは印を押すことですから、これも意味がダブっています。

［第三番目の人は誰ですか？］

「第」は数字の上につけてものの順序を表わします。「目」は数字の下につけて順序を表わします。どちらか片方でいいのです。

［いやあ、ひどい被害をこうむってね］

「こうむる」を漢字で書くと「被る」です。「被る害」が被害ですから、意味が重なっています。

［こんな犯罪を犯したのは、どんな人物なのでしょう］

「犯罪」とは「罪を犯す」ということですから、内容が重複しています。しかし、「犯罪」という言葉が長く使われているうちに、全体がひとまとまりとして受け止められるようになって、そこに「犯す」という言葉が使われるようになったのであり、ことさらに重複語と考える必要はない、という考え方もあります。（国広哲弥《くにひろてつや》『日本語誤用・慣用小辞典〈続〉』）

事実、「犯罪を犯す」という用例を掲《かか》げている辞書もあります。「被害をこうむる」という言い方にも同じような考え方ができます。まさに言葉の受けとめ方は変化しています。

まだまだある間違い言葉

このほか、私が日頃気になる間違い言葉のいくつかを、順不同で取り上げておきましょう。

［あわやホームラン？］

「打った！　大きいぞ、入るか、入るか、あっとセンターがギリギリで打球をとりました。いやあ、あわやホームランという当たりでしたね」

このアナウンサーは、守備側のチームのファンなのでしょうか。

「あわや」というのは、発言している人にとって好ましくないことが起きそうになったけれど、辛《かろ》うじて回避できたというニュアンスの言葉です。

このアナウンサーにとっては、「ホームランという好ましくないことが起こりそうになったが、何とか起きずにすんだ」という意味になってしまいます。これでは、このアナウンサーが、打ったバッターに対して反感を持っているか、守備側のチームを応援していると思われても仕方がないでしょう。

［悲喜《ひき》こもごもの発表風景？］

「合格発表の掲示板の前では、飛び上がって喜ぶ人、がっくりと肩を落とす人など、悲喜こもごもの風景が繰り広げられました」

どうもありきたりの表現ですね。安易に使われる慣用語のことを「手垢《てあか》のついた表現」と言います。この言い方自体が、しばしば使われているうちに、すっかり手垢がついてしまったのですが、それはともかく、「悲喜こもごも」という言葉が、ここでは「悲しむ人や喜ぶ人が」という意味で使われています。ところが、「悲喜こもごも」という言葉は、本来、ひとりの心の中で、悲しいこととうれしいことが同居している状態を言うのです。たとえば合格発表の例で言えば、

「親は、わが子の私立大学医学部合格の報を聞き、うれしさの反面、これからの学費をどう工面するか考えると、憂鬱《ゆううつ》になり、悲喜こもごもの感情に襲《おそ》われた」

とでもするのでしょうか。

［誤用が波紋《はもん》を投げかけた？」

「総理の決断は、各派に波紋を投げかけています」

政治ニュースの解説に出てきそうな言葉ですね。でも、「波紋」は、水面に広がる模様です。それを、どうやって「投げる」のでしょうか。

これはもちろん、「一石《いっせき》を投じることで波紋を広げる」という表現が混乱したのですね。静かな水面に「一石を投じる」＝石を投げることによって波紋が広がる様子を、政治家の発言がさまざまな反応を呼び起こすことのたとえとして使われるのです。ところが、そのつもりで「波紋を投げかけた」と言いますと、「波紋を投げることができるのか」と言い返されてしまいます。

「言っている気持ちはわかるけどねえ……」の典型例です。

［誤用を間髪をいれず指摘した？」

「そこで僕はカンパツをいれずに……」

「カン、ハツをいれずに、だよ」

「おっと、カンパツをいれずに指摘したね」

「だから、カン、ハツをいれず、だって」

「間髪をいれず」と書いて、「カン、ハツをいれず」と読みます。間に髪の毛一本も入らないほどすぐに、という意味です。単語が並んでいるので、二文字の熟語と誤解したのですね。


私もよくこんな風に間髪をいれずに他人の言葉づかいの誤用を指摘するものですから、嫌《きら》われています。こんなことを続けていると、心労《しんろう》から、いれるべき髪がなくなってしまうかもしれません。


「プールで自殺させる気？」

ある家庭での出来事です。夏が近づき、学校でのプール授業の注意書きのチラシが小学校のクラス担任から配られました。この中に、「入水の準備」という文字が。

「わが子を自殺させる気か」と、チラシを読んだ親はカンカンになって怒りました。

担任の先生は「水に入る」というつもりで「入水」と書いたのでしょうが、「入水」と言えば、一般的には「じゅすい」と読んで、水に入って自殺することだからです。言葉の意味への敏感《びんかん》さがないと、思わぬ摩擦《まさつ》を引き起こします。

日本語の問題点⑥　漢字か感字か

漢字は「感じ」に通じ、意味がわかればいいではないか、といった調子の若者の当て字が目立ちます。

中には、漢字の表現能力を生かした新聞の見出しの遊びや、コマーシャル、商品ネーミングなどにも、漢字ならぬ「感じ」の「感字」が氾濫《はんらん》しています。

ラッシュアワーの満員電車は「痛勤電車」、人気女優の「競艶《きょうえん》」といった具合です。「銭制攻撃《せんせいこうげき》」という言葉ですと、プロ野球のドラフトで交渉権を獲得した球団が、候補選手に対して、高い契約金を提示したときなどに使えそうですね。

ヒット商品として有名なものに「通勤快足」があります。「通勤快速」に引っかけたもので、男性用靴下の商品名ですね。ラッシュの中でもムレない感じがします。

思わずうなる商品名が「乾坤一滴《けんこんいってき》」もちろん「乾坤一擲《けんこんいってき》」のもじりで、養毛剤のコピー（宣伝文句）です。乾坤一擲とは、イチかバチかの勝負をかけることですから、いろいろいろ試したけれど効果がないおじさんが、最後に、この一滴にかけた、という凄《すご》みが伝わってくるコピーです。

「遊意義《ゆういぎ》な学生生活」や「劣頭感《れっとうかん》」などになりますと、誤字、当て字より、見事な皮肉になっています。

このほか、「感字」の機能をうまく利用した、タレントの所ジョージさんの「四字列《れつ》語《ご》」という遊びが評判を呼んでいます。

たとえば、「天下大兵《てんかたいへい》」と書いて「世界中で軍拡の動きが止まらないこと」とも読めるし、「あまくだりだべー」と読ませて、官僚の天下《あまくだ》りが減らないことの皮肉にもなっている、というわけです。「金利横並《きんりおうへい》」は、銀行の金利は自由化の後もほぼ横並びの状態が続き、「かなり、おうへい」だ、とも読めるというわけです。

ここまでくると、漢字を使った遊びというよりは、立派な社会風刺《しゃかいふうし》です。

ワープロは新語作成機

この本の原稿は、ワープロ専用機で打っています。パソコンのワープロソフトを使う人も多いでしょうが、ワープロ専用機は電源を入れればすぐに使えますし、印刷も簡単で、私には大変使いやすいのです。

でも、ときどき考えさせられます。たとえば、前掲のコラムの文章を打っていて、「けんこんいってき」と入力して変換キーを押したら、あれあれ、「乾坤一滴」が出てしまった。このワープロのメーカーは、養毛剤の会社と関係があるのかしらん。

どうしても「乾坤一擲」という熟語が出てこないので、いったん「乾坤一滴」と出しておいて「滴」を消し、次に「手へん」の部首索引機能《ぶしゅさくいんきのう》を使って「擲」という文字を探し出し、「一」の後につけ加えたのです。

「入水」は「じゅすい」と読むのだという前掲の項目で「じゅすい」と打ったら、「樹水」と出てしまいました。恐る恐る「にゅうすい」と打ったら、見事に「入水」と変換されました。

このワープロの製作者が、「乾坤一擲」や「入水」という言葉を知らなかったのでしょうね。

この本とは別の原稿を書いていて愕然《がくぜん》としたこともあります。「とてもひとごとではない」という文章を変換したところ、「ひとごと」が「人事」となったのです。

おいおい、これでは「じんじ」としか読めないだろう、と怒りながら、「ひょっとして」と思いながら、「たにんごと」と入力し、変換キーを押しました。

悪い予感通り、そこには「他人事」という文字が登場したのです。

最近の若者なみのワープロ

わが家のワープロの言語能力は、最近の若者なみのようです。

ワープロの機械に、どの漢字や熟語を記憶させるかは、ワープロ製作者が決めています。いまでこそずいぶん改善されたでしょうが（それでも私のワープロ専用機は買ってから一年しか経《た》っていないのですが）、理科系の技術者が決めた言語感覚には頭をひねるものが多いのです。

理科系の用語は比較的豊富に用意されているのですが、文学的な表現が貧弱なのには困っています。人名だって、森鷗外《もりおうがい》も夏目漱石《なつめそうせき》も志賀直哉《しがなおや》も出てきません。

仕方なく、「単語登録」の機能を使って、さまざまな用語を機械に教え込んでいます。

頻発する同音文字の間違い

神奈川県警察本部の不祥事《ふしょうじ》が相次いで明るみに出た一九九九年（平成十一年）九月のことです。ある新聞に、「分退庁の巡査部長」という表現を見つけました。これは、「分隊長」の誤りで、当日の夕刊に訂正が出ました。

この新聞社の記者がどんなワープロを使っていたのかわかりませんが、「分隊長」という、ちょっと特殊な用語が入っていなかったのですね。ワープロの用語変換は、直前の用語変換が再現されますから、この記者は、この原稿を書く前に、きっと「たいちょう」という言葉で「退庁」という文字変換をしていたのでしょう。

「分退庁」という変わった文字から、そんな想像ができるなんて、何だか愉快な気もしてきます。誤字を叱られた記者は、そんな気分になれなかったでしょうが。

ちなみに、私のワープロで「ぶんたいちょう」と打って変換したところ、「文体調」の文字が登場しました。この文章を書く前に、「文」や「体調」という文字を使っていたのでしょうね。

新聞に限らず、本を読んでいても、面白い表現を見ることがあります。「発砲《はっぽう》スチロール」という言葉を見たことがあります。何だか恐ろしい製品ですね。もちろん正しくは「発泡《はっぽう》スチロール」です。

ワープロでは、同音異義語《どうおんいぎご》が次々に出てきますから、同音文字の間違いが頻発《ひんぱつ》するのです。

「発泡」と「発砲」も同音で、しかも文字がちょっと似ているので、誤字脱字をチェックする出版社の校正《こうせい》係が見逃したのでしょう。

ここで再び脱線しますが、文字の「校正」というのは、文字に対する豊富な知識や根気、注意深さなどが要求される仕事です。

この仕事の大変さを称して「校正おそるべし」という言葉があります。これ、「後生《こうせい》おそるべし」のもじりなのですが。

閑話休題《かんわきゅうだい》。

テレビの世界では「衛生放送」という言葉もしばしば目にします。さぞかしきれいな画面なのでしょう。

これは、「衛星放送」と書くつもりで間違えたのですね。でも、なんだか清潔な感じがしてきますから、これも「感字」のたぐいでしょうか。

日本語の問題点⑦　閑話休題

先ほど私は「閑話休題」と書きました。

このコラムを書きたくて無理やり使ったというのが真相なのですが、この言葉もよく誤解されています。

新聞のコラムにまで「閑話休題」というタイトルがついているものもあります。そのコラム以外の新聞記事は、すべて余談《よだん》なのでしょうか。

と言うのは、「閑話休題」とは、「それはさておき」という意味です。ついつい本題を離れて余談に走ってしまったので、余談はここで打ち切って、本題に戻りましょう、という意味だからです。

コラムのタイトルに「閑話休題」とあれば、このコラムだけが本題だという意味になってしまうからです。

きっとこの新聞の担当者は、「閑話休題」を、「ここでちょっと余談になりますが」とでもいう意味だと誤解しているのではないでしょうか。

第四章　日本語を捨てようとしたことも

日本の言葉をアルファベットに？

いま私たちが使っている日本語。この言葉を、過去二回、捨て去ろうとした動きがあったことをご存じでしょうか。

明治の初めと、第二次世界大戦直後のことです。

一八七二年（明治五年）、後に文部大臣になる森有礼《もりありのり》は、日本語をやめて英語を国語にすべきだと提言《ていげん》しました。

一八七四年（明治七年）には、西周《にしあまね》が、洋字（アルファベットのこと）は二六文字だけで書いた通りに読め、読む通りに書けるので言文《げんぶん》を一致《いっち》させることができる、と述べて日本語をアルファベットで表記《ひょうき》することを提案したのです。

これ以外にも、明治初期の文化人と呼ばれる人たちの何人もが、漢字を削減《さくげん》することなど、日本語の改革を主張しました。文明開化で欧米の進んだ文明を目の当《まあ》たりにした人たちは、日本の文明の遅れが、日本語のせいだと考えたのです。「欧米の言葉は、たった二六文字のアルファベットだけで表現している。日本のように、漢字、ひらがな、カタカナといった三種類もの文字を覚える必要がない。まして漢字を習得するには膨大《ぼうだい》な時間がかかる。その時間を別のことに当てれば、日本の文明は進歩する」と考えたのですね。

「フランス語にしよう」と志賀直哉

明治初期の「日本語改革」運動は、結局実現しませんでしたが、第二次世界大戦で敗北した後、再び動きが出ました。言い出した中心的人物は、「小説の神様」と呼ばれた作家の志賀直哉でした。彼は、一九四六年（昭和二十一年）、雑誌『改造』に「国語問題」という論文を発表しました。その一部をご紹介しましょう。言葉づかいは現代表記に直し、一部の漢字は変えたり、ひらがなに直したりしてあります。ルビもつけました。

「日本の国語ほど、不完全で不便なものはないと思う。その結果、いかに文化の進展が阻害《そがい》されていたかを考えると、これはぜひともこの機会に解決しなければならぬ大きな問題である。（中略）

私は六十年前、森有礼が英語を国語に採用しようとしたことをこの戦争中、たびたび想起《そうき》した。もしそれが実現していたら、どうであったろうと考えた。日本の文化が今よりもはるかに進んでいたであろうことは想像できる。そして、恐らく今度のような戦争は起こっていなかったろうと思った。われわれの学業も、もっと楽に進んでいたろうし、学校生活も楽しいものに思い返すことができたろうと、そんなことまで思った。（中略）

そこで私はこの際、日本は思い切って世界中で一番いい言語、一番美しい言語をとって、そのまま、国語に採用してはどうかと考えている。それにはフランス語が最もいいのではないかと思う。（中略）

外国語に不案内な私は、フランス語採用を自信を持って言うほど、具体的にわかっているわけではないが、フランス語を思ったのは、フランスは文化の進んだ国であり、小説を読んでみても何か日本人と通ずるものがあると思われるし、フランスの詩には和歌俳句等の境地と共通するものがあると言われているし、文人《ぶんじん》たちによってある時、整理された言葉だともいうし、そういう意味でフランス語が一番よさそうな気がするのである」

＊

どうでしょうか。フランス人が読んだら、さぞかし喜ぶでしょうね。フランス語について「具体的にわかっているわけではないが」と言いながらフランス語採用を提唱するなど、度《ど》胸《きょう》の良さに驚くばかりです。

ここにも、「戦争に負けたのは、日本が欧米に比べて遅れていたからだ」⇩「欧米は文化が進んでいる」⇩「文化の進んだ国の言葉を使えば、日本も進歩する」という、実に単純な発想がありました。

以上は日本人の中から出てきた意見ですが、戦争直後は、日本を占領したアメリカからも、日本人へのとんでもないアドバイスがあったのです。

「ローマ字に変えなさい」の提案も

日本が第二次世界大戦に負けた翌年の一九四六年（昭和二十一年）三月、日本を占領《せんりょう》していた連合軍総司令部は、それまでの日本の軍国主義的な教育を改革するため、アメリカの教育専門家二七人からなる「教育使節団」を日本に派遣《はけん》しました。教育使節団は、日本各地の教育現場を見て回り、日本の教育関係者とも意見を交わした結果、日本の教育改革を求める『アメリカ教育使節団報告書』を発表しました。

日本の現在の六・三・三制の学校制度（小学校六年間、中学校三年間、高等学校三年間）は、この報告書のアドバイスを受けて成立しました。男女共学やPTAなども、みんなこの報告書に従って始まりました。この報告を読むと、日本の戦後民主主義教育のほとんどが、このアドバイスにもとづいていることがわかります。

ところが、この報告書に、「国語の改革」と題して、こんな提言があったのです。提言は、「われわれは、深い義務感から、そしてただそれのみから、日本の書き言葉の根本的改革を勧める」（村井実《むらいみのる》　全訳解説『アメリカ教育使節団報告書』）と書き出して、次のような驚くべきアドバイスをしているのです。

「書かれた形の日本語は、学習上の恐るべき障害《しょうがい》である。日本語はおおむね漢字で書かれるが、その漢字を覚《おぼ》えることが生徒にとって過重《かじゅう》な負担となっていることは、ほとんどすべての識者《しきしゃ》が認めるところである。初等教育の期間を通じて、生徒たちは、文字を覚えたり書いたりすることだけに、勉強時間の大部分を割《さ》くことを要求される。教育のこの最初の期間に、広範にわたる有益な語学や数学の技術、自然界や人間社会についての基本的な知識などの習得《しゅうとく》に捧《ささ》げられるべき時間が、こうした文字を覚えるための苦闘に空費《くうひ》されるのである。

（中略）

いったい、いかなる近代国家が、このようにむずかしく、しかも時間ばかり浪費《ろうひ》する表現手段や意思疎通《いしそつう》手段を持つという贅沢《ぜいたく》への余裕をもつだろうか」

このように指摘した報告書は、日本国内でも国語改革への動きがあることを紹介し、それを三つに分けて説明しています。

(1)漢字の数を減らす
(2)漢字を廃止し、かなを採用する
(3)漢字とかなの両方を廃止し、ローマ字を採用する

こうした提案を検討した上で、報告書は、「いずれ漢字は一般的書き言葉としては全廃される」べきであり、「仮名よりもローマ字のほうに利が多いと思われる」と、日本人に対して、ローマ字の採用を呼びかけているのです。

ローマ字のように音をそのまま表す音標文字《おんぴょうもじ》は習得しやすいというのが主な理由ですが、さらに、次のようにも言っています。

「この世に永久の平和をもたらしたいと願う思慮《しりょ》深い人々は、場所を問わず男女を問わず、国家の孤立《こりつ》性と排他《はいた》性の精神を支える言語的支柱をできる限り崩し去る必要があるものと自覚している。ローマ字の採用は、国境を超えた知識や思想の伝達のために大きな貢献《こうけん》をすることになるであろう」

こんな議論が、大真面目《おおまじめ》に行われていたのですね。日本語の表記がたとえローマ字に変わっても、日本語の構造が欧米の言語と異なる以上、「国境を超えた知識や思想の伝達」がむずかしいことに変わりはないはずなのですが。アメリカの教育使節団にとって、漢字はあまりにむずかしく、〝悪魔の言葉〟にでも見えたのでしょうか。

もしこのアドバイスをそのまま受け入れていたら、いま頃私たちは、ローマ字ですべてを書き表していたかもしれません。そうなったら、文章中に出てくる言葉が、日本語なのか英語なのか、とっさにはわからない、という悩みを抱えていたかもしれません。

漢字を減らす方向へ

教育使節団の報告を受けて、文部省に国語審議会が設置され、日本人が使うべき漢字として、「当用漢字《とうようかんじ》」を制定しました。

「当用漢字」に選ばれたのは、全部で一八五〇字。一九四六年（昭和二十一年）に内閣告示として公布《こうふ》（＝発表）されました。日常生活で使われる漢字の範囲を示したのです。

一九四八年（昭和二十三年）には、この一八五〇字のうちの八八一字が「教育漢字」に指定されました。私が小学校のときには、「教育漢字は全部読み書きできること、当用漢字は読めること」という教育を受けました。

「当用漢字」とは、「当座《とうざ》の用」に使う漢字のことです。国語審議会は、いずれ漢字はもっと減らすか、あるいはなくす方向で、とりあえず使える漢字をしぼり込んだのです。

しかしその後、国語審議会は、漢字をなくすことが現実的でないことを悟《さと》り、方向転換します。「当座の用」だった漢字は、「常に用いる」漢字に位置づけがかわり、「常用漢字」となったのです。

「常用漢字」は、「当用漢字」に代わるものとして一九四五字が選ばれ、一九八一年（昭和五十六年）に発表されました。一般の社会生活で現代の国語を書き表すために使う漢字の「目安」で、専門分野や固有名詞に使う漢字までを制限するものではない、ということになりました。「教育漢字」は、「学年別配当表」に変わり、一九九二年（平成四年）四月施行《しこう》の文部省の学習指導要領では、合計一〇〇六字が指定されています。

しかし、常用漢字に名前を変えても、「なるべく漢字は少なく」という方針は残っています。このため、「まえがき」でも書いたように、茨城県東海村の核燃料製造工場で起きた「臨界事故」では、放射線を浴びたという意味の「被曝」が、マスコミで「被ばく」と表記されました。「曝」という字が常用漢字になかったからです。「被ばく」という文字を見て「被爆」と誤解した人たちが、工場で爆発事故が起きたと誤解することにつながったのです。

日本語の問題点⑧　漢字配当表のナゾ

小学校で学ぶ漢字一〇〇六字の「学年配当表」を見ますと、一年生ではまず八〇字を学びます。その後、各学年で「新出漢字」(新しく出てきた漢字)を勉強します。

ところが、「舌」という字は五年生で初めて習うことになっているのですが、すでに二年生で「舌」が入った「話」という漢字を習っています。「舌」よりむずかしい「話」を先に習うのです。

また、「議」という漢字は四年生で出てくるのに、「議」の一部の「義」は、五年生で習います。「義」のさらに一部の「我」は六年生で初めて出てきます。

漢字配当表は、どんな基準で選んだのか。教育現場の人たちが抱《いだ》く疑問のひとつです。

日本語は論理的でない？

それにしても、日本語をやめてしまおうという主張がたびたび登場していることには驚かされます。アメリカから「漢字はやめたら」と提案されたという程度なら、「漢字を知らない欧米人のたわごと」と言ってすましていられますが（それでも国語審議会はかなり真面目に検討したようですが）、私たちが使っている日本語が、風前《ふうぜん》の灯《ともしび》だったことがあるとは、驚きです。

日本語についていちばん聞かれる批判は、「日本語は論理的でない」「不完全で曖昧だ」といったものでしょう。「明晰《めいせき》ならざるもの、フランス語に非《あら》ず」という有名なフランスの言葉があります。でも、本当にそうなのでしょうか。

もし日本語が論理的でなければ、私たち日本人は、どうして日々、さまざまな会話をし、意思の疎通《そつう》をはかっていられるのでしょうか。日本語で書かれた文章を読み、日本語で書かれた説明書に沿って機械を動かす。日本語で書かれた恋愛小説に心を動かされ、ヒロインの悲劇に涙する——。小説だって、使う言葉が論理的でなければ、読み手に正しく理解されることはありません。

フランス人にとってフランス語が論理的で明晰であるように、日本人にとって日本語は、大変論理的な言葉なのです。

「あらゆる言語は論理的なのであって、『非論理的言語』というようなものは存在しない。言語というものは、いかなる民族のものであろうと、人類の言葉であるかぎり、論理的でなければ基本的に成立できないのだ」（本多勝一『日本語の作文技術』）

劇作家の井上ひさしさんは、かつてオーストラリア国立大学の日本語学科で日本語を教えていたことがありますが、学生たちは、「日本語はとても論理的である」と感想を述べていたそうです。漢字の木に関するものはみんな木へん、魚は全部魚へんだからだ、というのだそうです。（俵万智『日本語はすてき』の中の井上ひさし氏との対談）

日本語には、わざと曖昧な表現を尊《たっと》ぶ傾向があることは確かです。それが、「明晰ではない」という批判を生むのかもしれません。しかし、それが日本の文化であれば、その文化の中で、日本語は十分に論理的なのです。

前にも書きましたが、私たちは、曖昧な、婉曲な表現を大事にしています。

すべてを直接的には表現せず、相手に「推《お》し量《はか》ってもらう」ことを期待する文章も、相手に正しく推し量ってもらえるならば、論理的な文章なのです。

問題は、論理的な文章を書けない人や、文章を正しく読み取る力のない人が、責任を日本語に押しつけていることにあります。

ボキャブラリーが貧困《ひんこん》で、自《みず》らを「ボキャ貧だから」と言った人もいました。何を話しているのかわからない、というタイプの政治家や財界人も多いのです。

海外から来た視察団を迎えた日本の社長が、歓迎会で、「本日はお日柄《ひがら》もよろしく、遠路はるばるお越しいただいた皆様をお迎えできたことは、欣快至極《きんかいしごく》でありまして……」と決まり文句に満ちた長大なあいさつをしたところ、通訳が、たった一言「ウエルカム」と訳したという笑い話があります。

こういう社長のような人に限って、「日本語は論理的でないから、外国人に理解してもらえない」などとぼやくのです。内容のない言葉を連ねる自分の能力の問題を棚《たな》に上げて、「日本語は論理的でない」などと、責任転嫁《せきにんてんか》をしてほしくないものです。

日本語の問題点⑨　「へ」か「に」か

日本語の「てにをは」と呼ばれる助詞は、文章の中でさまざまな役割を果たしています。この助詞をきちんと使うことで、日本語は明晰な文章にすることが可能なのです。使用法を述べていくと文法の本になってしまいますので、ここでは具体的な例を示すだけにします。たとえば、「へ」と「に」の違いです。

(1)学校へ行く

(2)学校に行く

みなさんは、この違いを使い分けていますか？　一般的には、「へ」は方向を表わし、「に」は場所を示すと言われています。この場合、(1)は「学校（の建物）へ行く」というニュアンスを感じさせ、(2)は「学校に（勉強に）行く」という印象になります。子どもが「学校に行く」と言えば、通常の授業を受けに行くことを意味し、「学校へ行く」と言うと、放課後いったん帰宅した後、校庭で友達と遊ぶために出かけたりするときに使います。

ひらがな一文字の使い分けで、文章のニュアンスが変わってくるのですね。

論理的でないのはどちら？

国語学者の金田一春彦さんが、こんなエピソードを紹介しています。

「戦前のことですが、京浜東北線の赤羽の駅で大宮の方へいく電車を待っておりますと、次のようなアナウンスが聞こえてきました。『新潟行き急行がまいりまァす』とまず言ってから、『この列車は途中、大宮、熊谷、高崎……』と駅の名前を並べるのです。ホームに待っている人は、一体どうなるかと耳を傾けておりますと、最後に『以外は止まりません』と来るのです」（金田一春彦『日本語の特質』）

日本語の文章の否定形は、述べてきたことを最後になって否定する構造です。それに無自覚なままのアナウンスは、聞く人を惑《まど》わせるだけです。

しかし、こうした構造を持っているからといって、それで「日本語は論理的ではない」とは言えません。

金田一さんは、この駅でのアナウンスが、いまは「この列車の途中止まる駅は大宮、熊谷、高崎……」というように改善された、と紹介しています。

日本語の特質を正しく理解すれば、論理的でわかりやすい表現は可能なのです。

この工夫のいい例が、専門用語で「呼応《こおう》の副詞」と呼ばれるものです。文章の結論を、事前に相手に予告することができるのです。

「決して……しない」
「これだけしか……ない」
「少しも……ない」
「おそらく……だろう」
「たぶん……だろう」

この方法を使えば、相手をイライラさせずに結論を予想させることが可能なのです。日本語には、こんな思いやりの表現構造が存在しているのです。

「刑事は血まみれになって逃げる犯人を追いかけた」
「センターラインを越えて前から来た車と正面衝突」

こんな表現も、日常よくお目にかかります。最初の文章で、「血まみれ」になっているのは刑事でしょうか、犯人でしょうか。

二番目の文章で、「センターラインを越え」たのは、前から来た車でしょうか、もう一台の車のほうでしょうか。これなども、適切な読点《とうてん》をつけたり、順序を変えたりして、誤解のない文章に変えることは簡単です。

もっとも、二番目のような文章を書いてはいけないということは、NHKの記者として採用された私も、研修中に、いやというほどたたき込まれたのですが、いざ現場に行くと、思わず書いてしまったことがあります。ですから、あまり偉そうなことを言う資格はないのですが、論理的でないのは書き手や話し手のほうであって、日本語それ自体の責任ではないのです。

日本語の問題点⑩　「象は鼻が長い」

何だか童話のようなタイトルですが、実はこれ、日本の国語学者の間で長い間論争になってきた文章なのです。

助詞の「は」や「が」は、主語の後に続いて、直前の言葉が主語であることを示すことが多いことはご存じでしょう。昔話の「桃太郎」の例で言いますと、「むかしむかし、おじいさんとおばあさんがありました」

「おじいさんハ、やまへ　しばかりに、おばあさんハ、かわへ　せんたくにいきました」

この場合、おじいさんとおばあさんという主語が初めて登場する最初の文では「が」を使い、二回目に出てくるときには「は」を使うという原則があります。

「むかしむかし、おじいさんとおばあさんハありました」という書き出しの文章がおかしいのは、すぐにわかりますよね。

このように、「が」も「は」も主語を示す助詞の役割を果たしています。

さて、そこで問題です。「象は鼻が長い」という文章の中の「は」と「が」は、どんな役割を果たしているのでしょうか。

「象は」が主語なのか、「鼻が」が主語なのか。ひとつの文章の中に主語が二つ存在することがあるのだろうか。

この文章を文法的にどう解釈するかをめぐって、日本の国語学者の意見は分かれました。国語学者の小池清治《こいけせいじ》さんの分類によると、大きく七つに分けられるのだそうです。

（小池清治『日本語はどんな言語か』）

(1)「鼻が長い」が、主語述語を備えた文章で、「象は」が文全体の主語になっている、という説。
(2)「象は」が主語で、「鼻が長い」が述語、という考え方。
(3)「象は」が本来の主格で、「鼻が」が副主格。
(4)「象は」は、話し手によって強調された「心理的主部」。
(5)「象は」を題目語、「鼻が」を主語と考える。
(6)「象は」を題目語、「鼻が」を部分主格とする説。
(7)「象は」を全体主格、「鼻が」を部分主格と考える。

どうですか。たったひとつの文章でも、いろんな解釈が成立するのですね。解釈が分かれる余地があるということは、それだけ日本語の文法が未確立な証拠だ、という考えも成り立ちます。

これ以上は私の手に余りますので、このへんでやめておきますが、日本語の不思議さの一端を感じとっていただけたと思います。

第五章　漢字もあるからいい感じ

三種類の文字を使い分ける

第四章で見たようにに、アメリカの教育使節団から「廃止した方がいい」と言われた漢字ですが、私たちは、漢字、ひらがな、カタカナの三種類の文字を駆使《くし》して（苦心して？）日本語を書いています。

このように、ひとつの文章を複数の種類の文字で同時に表す言語は、漢字とハングルを使う場合の韓国語を除けば、世界で日本語だけなのです。世界の言語は、それぞれ一種類の文字しか持っていません。英語だったら、アルファベットだけですよね。韓国語も最近では漢字をほとんど使わなくなりました。北朝鮮は漢字を一切使わない方針ですから、複数の種類の文字を使うのは、事実上日本語だけということになります。しかも、その日本語の文字は、漢字、ひらがな、カタカナの三種類もあります。

この三種類の文字は単に組み合わせるだけでなく、同じ言葉を書き分けることすらしています。「かなしい」という言葉でも、「悲しい」と表記したり、「哀しい」と書いたり、わざとひらがなで「かなしい」と書いたり。場合によっては、「カナシイ」という表記もあるでしょう。同じ言葉でも、書き方を変えることで、ニュアンスの違いを出すことができるのです。文字を複数持っている言語だからできる芸当《げいとう》です。

日本語の問題点⑪　韓国語か朝鮮語か

朝鮮半島の人々が話している言葉は、言語学的に言えば朝鮮語です。ところが、韓国の人たちにとっては、「朝鮮」という言葉は、北朝鮮＝朝鮮民主主義人民共和国のイメージが強いものに受け取られています。韓国では「朝鮮半島」ではなく、「韓半島《かんはんとう》」なのです。そこで、言語としては朝鮮語でも、韓国で使われている言葉は「韓国語」と表記することが一般的です。

一九八四年にＮＨＫが朝鮮語の語学講座を始めるとき、「朝鮮語講座」か「韓国語講座」かが問題になり、結局「アンニョンハシムニカ？（こんにちは）〜ハングル講座〜」という名前になったいきさつがあります。

朝鮮語も韓国語も同じ言語ですが、南北分断が長引くとともに、北と南では発音の違いなどが生まれています。

日本語の問題点⑫　人工的に作られたハングル

ハングルのことを韓国語（朝鮮語）と誤解している人もいますが、ハングルとは「大いなる文字」つまり韓国語の文字のことです。

朝鮮半島でも、かつては中国から伝わった漢字を使っていましたが、朝鮮語を表記するには不十分で、教育の機会のない庶民には使えませんでした。

そこで一四四六年、当時の王、世宗《セジョン》が学者を集めて、朝鮮語を正しく表記できる文字を考案させました。これがハングルです。ハングルは、母音《ぼいん》文字と子音《しいん》文字の組み合わせによる表音《ひょうおん》文字です。

当初はあまり使われませんでしたが、第二次世界大戦後の一九四八年、韓国ではすべての公用文を原則としてハングルだけで表記する法律ができ、全面的に使われるようになりました。

一九九九年になって韓国政府は、「漢字復活」の方針に転換しました。漢字復活によって伝統文化の理解を促進し、漢字文化圏の人々との交流を活発にしていこうというのがねらいだそうです。

評論家の呉善花《オソンファ》さんは、韓国の言葉の多くが中国から入った漢語を元にしているのに、ハングルで表音文字だけにしてしまったために、元の意味が理解できない若者が増えている、と指摘しています。（『Ｖｏｉｃｅ』一九九九年一〇月号）

日本語はどこから来た？

私たちが使っている日本語が、どこから来たものか、考えたことがありますか。日本人が使っている言葉なのだから、日本人はどこから来たのか、という問いでもあるわけですが、日本語の仲間はどこにいるのか、という質問でもあります。日本語の仲間がどこの言葉かという点に関しては、さまざまな学説がありますが、いちばん似ている言葉は、お隣の朝鮮語です。

日本語や朝鮮語は、言語学的には「膠着語《こうちゃくご》」というむずかしい呼び方をします。語順もそっくりですから、単語さえ覚えれば、日本人と韓国人は、お互いの言葉をマスターしやすいと言われています。発音も似たところがあります。電車の中で、離れた場所にいる若い人たちが話しているのをぼんやりと聞いていたことがあります。遠いので話の内容はつかめませんでしたが、日本人同士の会話だと思い込んでいました。ところが近づいたら、韓国人同士の会話だった、という経験を私は何度もしています。

金田一春彦さんの説明によると(金田一春彦『日本語　新版』)、日本語は、かつて朝鮮半島にあった高句麗《こうくり》と同じものだったのではないかという研究が進んでいるそうです。いまの朝鮮語は、昔の新羅《しらぎ》の言葉を受け継《つ》いでいるので、日本語とはずいぶん違うものになりましたが、それでもいちばん近い言語です。

この朝鮮語は、トルコ語やモンゴル語などのアルタイ語族と近い関係にあるというのが学界の定説です。

ただ、日本語の発音は、南太平洋のポリネシア族の言語と似ているので、太平洋諸民族や東南アジア諸民族の言語の要素も持っていると考えられています。

日本語は南インドから来た?

こうした学説の中で、ユニークで大きな論争を引き起こしたのが、国語学者の大野晋《おおのすすむ》さんの「タミル語起源説」です。

大野さんが注目したのは、インド南部からスリランカ北部にかけて住むタミル人が話すタミル語です。古いタミル語と古い日本語を比較すると、似た単語が数多く存在すること、文法の構造が共通していること、基本的な助詞の使い方が同じであることなど数々の共通点があるというのです。

特に稲作や銅器などの金属類の単語に共通点が多いことから、タミル人が、日本に言葉と共にさまざまな文化をもたらしたのではないかと考えています。

このタミル語が、日本列島と共に朝鮮半島にもほぼ同時に伝わることで、日本語と朝鮮語は結果として似た言葉になったのではないかと推測しています。

大野さんの実証的な研究ぶりをお知りになりたい方には、その著作『日本語の起源　新版』（岩波新書）を読むことをお勧めします。

この学説が正しいかどうか私には判断できませんが、言語学的な推理がどんなものか教えてくれる点で大変興味深いものです。

はじめは漢字だけだった

日本人の先祖は、四世紀から五世紀頃に中国から漢字が伝わるまで、文字を持ちませんでした。もちろん当時も言葉はあったわけですが、文字に書き表すことができなかったのです。

中国で生まれた文字＝漢字は、日本の古墳時代に、中国大陸からの渡来人が持ってきました。当時の日本の大和朝廷は、この人々に、朝廷のさまざまな記録の作成を頼みました。また、朝鮮半島を通って日本に仏教が伝わった際、お経《きょう》に書かれた文字は、すべて漢字でした。いまの日本でも、お坊さんがお経を読むとき、お経には漢字だけが並べてあって、これを音読《おんよ》みしていきますよね。あれは、中国から伝わった中国語の漢字を、日本式の発音で読んでいるのです。

漢字というものを知った当時の日本人は、早速この文字を学びました。でも、漢字は中国語を書き表す文字です。漢字を学んだということは、中国語を勉強したことでもあるのです。

六〇四年、聖徳太子《しょうとくたいし》が定めた「憲法十七条」を学校で習いましたよね。そのときは、「和《わ》をもって貴《たっと》しとなし……」と書いてあったかのように習ったはずですが、実は「以和為貴、……」と全部漢字で書いてありました。

当時まだ返《かえ》り点《てん》やかなは発明されていなかったわけですから、文頭から、中国式に読んだはずです。「聖徳太子は、中国語で日本の憲法を起草したわけである」（金田一春彦『日本語新版』）というわけです。

漢字からひらがな、カタカナが！

はじめは漢字を中国語の語順通りに書いていた日本人は、やがて、漢字の発音だけを利用して、自分たちの言葉＝やまと言葉を書き表すようになりました。「余能奈可波」（よのなかは）というように。これが「万葉仮名《まんようがな》」です。

そのうちに、一文字一文字を漢字で書いていくわずらわしさから逃れるため、漢字を崩してひらがなを作り、漢字の部首の一部を利用してカタカナを発明しました。「安」を崩し書きして「あ」を生み、「阿」の偏《へん》（文字の左側）をもらって「ア」を作り出しました。「以」から「い」を、「伊」の偏（文字の左側）から「イ」というわけです。

漢字の本来の意味に関係なく、発音だけをもらって（それも日本式の）、日本語の言語体系にふさわしい文字を作り出したのです。

こんなところに、欧米で発明された新技術を見事に応用してすぐれた新製品を作り出す日本の技術力を思い浮かべてしまうのですが。

日本語の問題点⑬　漢字は象形文字

漢字は象形文字《しょうけいもじ》が発展したものです。象形文字とは、人間や動物の姿形を描いた文字のことです。

世界各地で発見された古代文字は、みんな象形文字です。そうした文字は滅びましたが、漢字だけは発展を遂《と》げて、残りました。その意味で

「漢字は原始より現代に至るまでを一貫《いっかん》して生きつづけてきた、唯一《ゆいいつ》の文字体系である」（白川静《しらかわしずか》『漢字』）

と言うこともできます。

漢字の象形文字とは、たとえば太陽の形から「日」という文字が生まれたりすることです。木が立っている様子から「木」の文字が生まれ、川の流れから「川」が、山の形から「山」の字が生まれました。

日本で作った漢字も

中国から入った漢字を使い始めた日本人は、中国にはない文字の場合、自分たちで作ってしまう、という方法もとりました。神様に捧げる「サカキ」は、神道《しんとう》が日本独特のものですから中国製の漢字にありません。そこで、「木」へんに「神」という字を組み合わせて「榊」という文字を作ってしまいました。

「山」へんに「上下」をつけて「峠《とうげ》」という文字も日本製です。

「さみだれ」という雨の言葉が中国にはないため、日本人は「五月に降る雨」という意味を込めて「五月雨」と書いて「さみだれ」と読ませることにしました。「しぐれ」も、「時々降る雨」なので「時雨」という字を当てました。

日本のもともとの言葉＝やまと言葉に、意味を表す漢字を選んで当て、新しい漢字を作りだしたのです。

また、漢字を日本風に使うことで、もともとの中国語の漢字の使い方とは大きなへだたりが生まれることもあります。日本語の「手紙」が中国ではトイレットペーパーのことだったり、日本語の「鮎《あゆ》」が中国ではナマズのことだったり、という笑い話になりそうな違いは数多くあります。

中国で「汽車」と書けば、自動車のことで、日本の汽車は中国では「火車」になります。中国で「飯店」と書いてある建物に食事に入ったら「ホテル」のことだった、というエピソードもあります。

漢字は新しい言葉を作りやすい

アメリカの教育使節団は、漢字を覚えなければならない日本人は不利な立場に置かれていると考えましたが、実は私たちには、漢字という文字を持っているから有利なことがたくさんあるのです。

その第一は、日本語は、漢字があるおかげで、新しい概念の言葉をいくらでも作り出せるということです。これを金田一春彦さんは「車」という文字を例に説明しています。（金田一春彦『日本語・上』）

たとえば、新しい車なら「新車」、古くなったら「中古車」、外国製なら「外車」、日本製なら「国産車」、駐車場がいっぱいなら「満車」、前の車との距離なら「車間距離」というわけです。

また、「耐」という文字をほかの言葉と組み合わせれば、「耐寒」「耐熱」「耐火」「耐久」「耐乏」……というように「耐える」という概念を簡単に表現できます。

漢字には、すぐれた造語《ぞうご》力があるのです。

この造語力を生かして、明治の初期、欧米からさまざまな科学知識や学問が入ってきたとき、これにひとつひとつ漢字を当てて、新しい概念を作り出すことができたのです。「科学」「経済」「社会」「哲学」「本能」「主義」「定義」などといった言葉は、みんなこの時代に生まれました。これまで日本になかった概念や、あってもはっきりした言葉がなかったものに、漢字を当てていった先人《せんじん》の苦労があったからこそ、私たちには、豊かな言葉が与えられているのです。

漢字があると読めなくてもわかる

漢字があると有利な点の第二は、その言葉を知らなくても、意味が類推できるということです。

言語学者の鈴木《すずき》孝夫《たかお》さんによると（鈴木孝夫『閉された言語・日本語の世界』）、イギリスの小説の中で、女性のタイピスト（念のために注釈《ちゅうしゃく》しますが、ワープロのない時代、秘書が上司の文章を代わってタイプライターで打っていました。タイプライターを打つ専門の職業の人をこう呼んだのです）が「人類学」という言葉を見て、はてこれはなんのことだろう、と考え込むシーンがあったそうです。「人類学」という言葉も知らない人がいるのか、と不思議に思い、イギリス人の知人に聞くと、大学を出ていないタイピストなら知らなくて当然だという返事だったそうです。

これは、「人類学」という言葉が、英語ではanthropologyといい、この言葉を知らない人には、何のことか類推できないからなのです。

これに対して日本語の「人類学」は、言葉自体を知らなくても、「人類」が「人のたぐい」「すべての人間」であることは中学生でもわかるだろうから、何となく人間についての学問なんだなあ、という類推ができるというわけです。

同じようなことを金田一春彦さんも書いています（金田一春彦『日本語・下』）。金田一さんがハワイで暮らしていたときに、デパートへ「寒暖計《かんだんけい》」を買いに行ったそうですが、店員にはthermometerの意味の見当もつかなかったそうです。

やはりこの言葉自体を知らないと、何のことかわからないのですね。これに対して日本語で「寒暖計」と書けば、それ自体を知らなくても、「寒さや暖かさを計るもの」だろうという類推が可能です。

この点について鈴木孝夫さんは、「血」という文字を例にとって、大変詳しい分析をしています（鈴木孝夫『日本語と外国語』）。「血液」「貧血」「出血」「充血」「赤血球」「白血球」などという言葉には、すべて「血」という漢字が入っていますから、私たちには「血に関する言葉だ」とすぐ理解できます。ところが英語では、これらの言葉は、まったく違う単語を書くため、類推することができません。英語で血液の勉強をする人は、ひとつひとつの単語を覚えるしかないのだそうです。

新聞広告もスペース節約

目で見れば意味がわかるという漢字の利点をフルに生かしているのが、新聞の求人広告でしょう。

ちょっとのぞいただけでも、「土日祝休他談応・給面・歴送面通知」という表記が目につきました。これは、「土曜日、日曜日、祝日は休めます。その他の日も休みたい場合は相談に応じます。給料は面接で決めましょう。履歴書《りれきしょ》を送ってください。面接日を連絡します」という意味であることがわかります。

なかには「細面」なんて言葉も出てきます。これは「ほそおもての人がいい」という意味ではなくて、「委細面談《いさいめんだん》」つまり「詳しいことは直接会って決めましょう」ということを省略しているのですね。

こうした芸当ができるのも、漢字が「表意文字」だからです。アルファベットやキリル文字やハングルが、いずれも「表音文字」つまり発音を表記する言葉なのに対して、漢字は、それ自体が意味を表します。こうした漢字の性格の恩恵を、私たちは知らないままに受けているのです。

こうしてみてくると、どうでしょうか。「漢字を覚えるなんて面倒くさいなあ」という気持ちが、少しは変わりましたか。

「しあん」という言葉に「しあん」

日本語が「表意文字」であることは、とても便利な反面、耳で聞いただけでは、はっきりしないということが起こります。

日本語には同音異義語が多いからです。

「ちょっとコーエンカイに行ってくる」と言うから誰かの講演会を聞きに行くのかと思った

ら、後援会だったり、「大学にコーギに行く」というから大学の先生が講義に行くのかと思ったら、文句を言いに行く抗議だったり、「ホーソー会館に行く」というのが「放送会館」ではなくて「法曹会館」だったり、「土壌改良」の話をしていたら、聞く方は「泥鰌《どじょう》」のことだと思っていたなどという笑い話のエピソードは数限りなくあります。

「四球」と「死球」、「学界」と「学会」、「科学」と「化学」ですと、同じような分野の言葉ですから、勘違いが大間違いにつながる、ということもありえます。

「子どもは、しりつ中学に行っています」と言われても、「市立中学」なのか「私立中学」なのかわからない、ということがよくありますよね。聞き手のことを考えて「いちりつ」「わたくしりつ」と表現することもあります。

「政治家がしあん」をまとめましたというニュースでは、「しあん」という言葉の後に「こころみのあん」という言葉をつけ加えます。「私案」と誤解されるのを防ぐためです。こういう点を思案しなければならないのですね。「棄権《きけん》は危険《きけん》です」というたぐいの駄洒落《だじゃれ》が可能なのも、日本語に同音異義語が多いからです。

これは、中国語と日本語の発音がまったく異なることから起きました。中国語の発音は日本語よりはるかに種類が多く、耳で聞いて間違えることは少ないのですが、そうした漢字が日本に入ると、日本語では同じ発音になってしまう、ということがしばしば起きたのです。

こうして日本語では、聞いた言葉を頭の中でいちいち漢字に直して考えないと安心できない、ということになります。

初対面の人が「わたしはドイと言います」と自己紹介しても、名刺を受け取って、名前が「土井」か「土居」かを確認するまでは落ち着かない、ということがよくあります。「やまもと」さんが「山本」ならそのまま呼ばれるけれど、「山元」だと「やまげん」という愛称で呼ばれるようになるのも、私たちが漢字を間違えないようにしようと気にしている証拠でしょう。

日本語はテレビ、西欧語はラジオ

こうした日本語の性格を、言語学者の鈴木孝夫さんは、「テレビ型の言語」と表現しています。(鈴木孝夫『日本語と外国語』)

人と会話していて、私たちは何気なくその言葉を漢字で書くとどんな文字になるかを考えています。頭の中に常に画面を思い浮かべているのです。英語やフランス語は、耳で聞いて誤解することが少なく、まさにラジオ的であるのに対して、日本語はテレビ的だというわけです。

日本古来のやまと言葉は、文字を持たない時代に生まれた言葉ですから、耳で聞いて誤解することはありません。ひとつの意味しか持っていないのです。やまと言葉だけだったら、やはりラジオ的な言語と言えるのですが、漢語をもとにした言葉になると、字を考えなければなりません。字に支えられている言葉と言うことができるでしょう。

日本語の問題点⑭　東海村の臨界事故

一九九九年（平成十一年）九月に起きた茨城県東海村の「臨界事故」では、従業員や工場の外の一般住民も「被ばく」しました。この「被ばく」という言葉から、工場で爆発事故が起き、「被爆」した人が出た、と多くの人が誤解しました。海外のマスコミも、「日本の東海村の核施設で爆発事故」という速報を流しました。「爆発」と聞いて旧ソ連のチェルノブイリ事故を想像した海外の人が多かったようです。

「まえがき」でも書きましたが、「被ばく」とは、正しくは「被曝」のことです。「曝」とは「さらされる」こと。つまり放射線にさらされた＝放射線を浴びた、ということなのです。「曝」という文字が常用漢字にないため、テレビや新聞は「被ばく」と漢字とひらがなをまぜて表記し、こうした誤解が広がりました。

この事故では、放射線と放射能の違いがわからない人も多かったようですが、落ち着いて漢字を見ると、「放射線」を出す能力が「放射能」なのですね。漢字の「表意性《ひょういせい》」が生かされていたのですが。

この「放射線」は、「放射状」に飛び出していくものなので、この名前がつきました。つまり、ありとあらゆる方向へ飛び出していくのです。

そして「臨界」の文字。この事故で初めて知った言葉だという方も多いでしょうね。ニュースでは、「ウランが連鎖《れんさ》的に核分裂《かくぶんれつ》を始める状態」と説明していましたが、これでは何のことかピンと来ません。「臨界」という言葉は、物質が、ある状態から別の状態に変わる境目のことです。これを私は「週刊こどもニュース」で「まったく別の世界に行っちゃいそうになる限界のこと」と表現しました。

この説明に、目からウロコという方も多かったようですが、漢字は、本質を表現しているのです。

氾濫するカタカナ

一九八八年（昭和六十三年）、当時の小泉純一郎《こいずみじゅんいちろう》厚生大臣は、福祉をめぐる言葉にカタカナ語が多すぎることに驚き、「これでは肝心《かんじん》のお年寄りに、何のことかわからないではないか」と、わかりやすい用語作りを指示しました。

問題になった言葉は、ターミナルケア、デイサービス、ショートステイ、ノーマライゼーション、ホームヘルパーなどです。

確かに、こうした言葉を聞いて、何のことかすぐにわかるお年寄りは少ないのではないでしょうか。いや、お年寄りに限りませんね。関係者以外はほとんど理解できない用語も含まれています。

医学の世界では、「インフォームド・コンセント」という言葉がしきりに出てきますが、「どんな形のコンセントなんだろう」と思った人もいたようです。こうなると、もう笑い話です。

金融危機が問題になったときには、国会であらたな「スキーム」作りという言葉が飛びかいました。これもわかりにくい用語でした。単に「仕組み」と言い換えることができたのに。

最近では、リストラばやりです。「クビ切り」＝人員削減のことなのに、リストラ＝リストラクチャリング（再構成）という言葉を使えば、「クビ切り」の生々しさは消えますが、何だか他人事《ひとごと》みたいに聞こえて、肝心の従業員に危機感が生まれないかもしれません。リエンジニアリング、アウトソーシングもはやりの言葉です。経営再建、外部委託という、従来からある日本語を使えばすむことなのに、何だかよくわからないカタカナを使うことで、新しい経営理論のような響きがして、ありがたく思ってしまうのですね。「バブル」という言葉も流行しました。書家の石川九楊《いしかわきゅうよう》さんは、次のように指摘しています。

高度成長、そして七〇年代から始まる泡沫《バブル》経済は、カタカナ経済に他ならない。たとえば、日本に片仮名がなく、「泡沫経済」と名づけたとすれば、そこには「泡沫候補」につながる劣位の意味合いを逃れることはできず、「もう少しバブルが続いていれば……」というような言葉は、経営者といえども吐《は》くことはなかっただろう。「泡沫」という愚劣《ぐれつ》でばかばかしい経済社会が何によってもたらされたかを省察《せいさつ》し、どのような未来の経済をつくり上げるかについての真剣な思索《しさく》も生れ出たであろう。（石川九楊『二重言語国家・日本』）

カタカナ語の発音違い

何でもカタカナで表記してしまいますと、英語と日本語の発音の違いから、誤解も生まれます。

スイートコーンの「スイート」は甘い＝sweetですが、スイートルームの「スイート」は、ひと続きという意味のsuiteです。新婚カップルがよく利用するので〝甘い部屋〟でもいいようなものですが、もとの意味は違います。

ファーストクラスの「ファースト」はfirst＝一番という意味ですが、ファーストフードの「ファースト」は、早い＝fastです。

フリーと言えば普通は自由のfreeを思い起こしますが、フリーマーケットの「フリー」はfleaで蚤《のみ》のこと。つまり「ノミの市」なのです。

安易にカタカナ語を増やしますと、とんだ誤解を生みますし、日本式に発音しては、外国人に通じません。

カタカナが省略されると

私たちは、カタカナをすぐに省略して使います。外来語を短縮することで日本語の語彙を増やすのですね。セクシャルハラスメントがセクハラになってしまうように。こうなりますと、もともとは別の意味だったカタカナが省略されることで、たまたま同じ、ということが起きます。「リハ」という言葉は、病院では「リハビリテーション」のことで、放送局では「リハーサル」になるというわけです。

これが増えますと、パソコン、マザコン、リモコン、エアコン、ツアコン、ゼネコンという、同じ「コン」を使うけれど、全部違うもの、ということが起きます。特に「ゼネコン」は、本当は「ゼネラル・コントラクター」（総合請負業《うけおい》）の略なのに、「ゼネラル・コンストラクター」（総合建設業）だという誤解が広がる弊害《へいがい》も生まれています。

こうなりますと、初めて見た文字でも漢字が使われていれば何となく理解できた日本語が、その言葉を知らない人には何のことかわからない、という状況になりつつあります。

かつては、欧米から新しい言葉が入ってくると、その意味を考え、ふさわしい漢字を探し出して漢語に翻訳《ほんやく》するという努力が行われていました。それが、いまはみんな安易にカタカナのままです。せっかく表意性を持った日本語の有利な点（メリットのことです）が、生かされていないのです。これはもったいないことだと思うのです。

第六章　言葉は生きている

吉田兼好も嘆いた言葉の乱れ

鎌倉時代の吉田《よしだ》兼好《けんこう》が書いた『徒然草《つれづれぐさ》』を学校の授業で読んだ（読まされた?）ことと思います。この中で兼好さんは、平安時代の言葉が大きく変化した鎌倉時代について、「何事も、古き世のみぞしたはしき。今様は、無下にいやしくこそ成りゆくめれ」（なにごとも、昔は良かった。いまは下品になるばかりだ）と嘆いています。その具体例として、昔は「車もたげよ」という言い方をしたのに、最近は「もてあげよ」などという言い方をしている、「火かかげよ」を「かきあげよ」などと言っている。言葉がすっかり乱れて崩れている、と嘆いている老人の言葉を紹介しています。

なんだか、どこかで聞いたような嘆きではありませんか?

時代とともに言葉は変わる

やはり学校の古典の文法で、「係《かか》り結《むす》び」というのを習ったと思います。文章の途中で「こそ」という係《かかり》助詞が出てきたら、この文の最後の活用語は已然形《いぜんけい》で終わらなければならない、というルールでした。国語学者の小林千草《こばやしちぐさ》さんは、鎌倉・室町時代に日本語は大きく変化し、「こそ」という係助詞があっても、文の最後に已然形が出て来なくなったという言葉の乱れがあったことを、さまざまな例文を用いて紹介しています。(小林千草『ことばの歴史学』)

この言葉の乱れの結果、当時の人々にとってやっかいだった文章末尾の已然形がなくなり、結果として、現代でも「君こそわが命」のような「こそ」の使い方が残った、というのです。

鎌倉・室町時代の言葉の乱れが、現代に及んでいる。壮大な日本語の乱れの歴史だと思いませんか。

「ハ」は「ファ」と発音していた

実は、変化したのは言葉づかいだけではありません。そもそも日本語の発音自体が変わっていたのです。室町時代、日本人は「ハ」を「ファ」と発音していました。

どうしてそんなことがわかるのか。当時日本にキリスト教を広めるためにやって来ていたポルトガル人の宣教師が、日本語とポルトガル語の辞書を作っていたのです。この中で、当時の日本人の発音が、忠実にアルファベットで表記されています。そのほかにも、次のような傍証《ぼうしょう》もあります。

一五一六年（永正十三年）にできた後奈良《ごなら》天皇編集の「なぞなぞ集」（『後奈良院御撰何曽《ごならいんごせんなぞ》』）の中に、「母には二たびあいたれども父には一度もあわず」（母には二回あうけれど、父には一度もあわないものは、なあに？）という問題が出ていまして、その答えが「くちびる」になっているんだそうです。

これは、「チチ」と発音する際には、くちびるは開いたままだけれど、「ハハ」の発音のときには、くちびるが二度あうからだというのです。

どうですか。「ハハ」と発音しても、上下のくちびるがくっつくことはないですよね。でも、「ファファ」と発音すれば、くちびるが二回出会います。当時の日本人が「ハ」の文字を「ファ」と発音していたことが、これでもわかります。（小林千草『ことばの歴史学』）

「畑」「墓」「星」は、「ファタケ」「ファカ」「フォシ」と発音していたはずなのです。それが、次第に発音の楽な「ハタケ」「ハカ」「ホシ」に変わっていったと考えられているのです。

このほか、「ヅ」は「ドゥ」とでも言うべき発音で、「セ」は「シェ」という発音だったそうです。

「フォ」よりは「ホ」と発音したほうが楽ですし、「ヅ」よりは「ズ」、「シェ」よりは「セ」……。

これまでの言葉の歴史は、発音や発声の楽なほうへ、手抜きのほうへ、という流れでもあったのです。こうして、現代の日本語が成立しました。

そもそも『源氏物語』や『枕草子』など、私たちにはなかなかスラスラとは読めない古典があるということは、その当時の日本語が、いまはすっかり変わってしまった証拠でもあります。それだけ言葉は常に変化し続けているのです。

日本語の問題点⑮　江戸時代のコギャル語

小林千草さんの書いた『ことばの歴史学』には、江戸時代の娘たちの会話の例として、式亭三馬《しきていさんば》の『浮世風呂《うきよぶろ》』が紹介されています。

この中で、娘たちが「きつい世話焼き爺《じい》だネ」などと「きつい」を連発していて、この「きつい」が現代の「超」（チョー）に当たることを指摘しています。

また、「悪ふざけにはおそれるねへ」の「おそれる」は、「恐れる」ではなく「あきれる」という意味で、当時の流行語だったことを述べ、江戸時代にもコギャル語とでも呼べる言葉づかいがあったことを紹介しています。

「こだわる」にこだわる人

このように日本語が時代とともに大きく変化してきますと、それぞれの時代で、「言葉が乱れている」と怒る人が出てきます。「こだわる」という言葉も、そのひとつです。

「本物にこだわる人に」

「こだわりのラーメンできました」

こんな表現が、広告の世界をはじめさまざまなところで見られます。別に気にせずに使っている方も多いかもしれません。

でも、「こだわる」というのは、もともとマイナスのイメージの言葉でした。

「そんなつまらないことにいつまでもこだわっていないで……」という文脈で使われました。つまらないこと、目先のこと、枝葉末節《しようまっせつ》のことについて自分の主張をすることでした。

それが、いつしかプラスの内容に変化しました。

当初は細かいことに「こだわって」いる人をたしなめる表現だったものが、「こだわり」具合が群を抜いていると、むしろ感心してしまうものになり、やがては、プラスの語感を漂《ただよ》わせるものになったのでしょう。この新しい用法が広まり、初めてこの言葉を聞いた若者が、その時の文脈がプラスの用法だった場合、「この言葉はプラスの概念《がいねん》なんだ」と誤解してしまいます。こうして新しい用法が広がっていきます。

本来とは正反対の語感になったことに対して、「正しい言葉づかいではない」と〝こだわる〟人も出てくるのですが、多勢に無勢、やがて「こだわる」には、プラスのイメージが定着するのです。

日本語の問題点⑯　「ネ・サ・ヨ」追放運動

「きのうネ、家に帰るとサ、おふくろがヨ……」などという言い方が、かつて問題になりました。語尾にこういう言い方をすると言葉がきたなくなる、という主張でした。

一九六〇年代の初めに「ネ・サ・ヨ」追放運動が始まったのですが、語尾にこうした言葉をつけないようにすると、文章の終わりから次の文章の開始までの空白の時間をどうしたらいいか困ってしまいます。会話のリズムがつかめないのですネ。この空白を埋めるために、語尾を延ばすしゃべり方が広まったと考えている学者もいます。「それでエー、わたしがアー、学校に行くとオー」という、現代の若者特有のしゃべり方の誕生です。

気になるしゃべり方を追放したら、また別の耳障《みみざわ》りな言い方が生まれたというわけです。

「全然悪い」と言うのは全然へん？

「こだわる」と同じように〝こだわる〟人が多い言葉に「全然」というのがあります。

「この洋服どう、全然いいでしょう」

「全然OKだね」

などという用法です。

こういう言い方を聞くと、「全然という言葉は、後に必ず否定を伴って使うものだ。全然よくない、という言い方が本来の使い方で、全然いい、などというのは、全然よくない」というわけです。

私も実はそう思っていたのですが、過去の文例を見ると、どうもそうとは言い切れないようです。「全然ヒマだね」といった用法が、石川啄木《いしかわたくぼく》、森鷗外、夏目漱石、芥川龍之介、志賀直哉など、明治、大正の文豪《ぶんごう》と呼ばれる人たちの作品に多数見つかるのです。

こうして見ると、かつては肯定文の中でも使われていた「全然」が、昭和に入って、いつのまにか「否定を伴う言葉」に変化していたことがわかります。その常識で育った人たちは、若者が「全然」を肯定文の中で使うことに違和感を覚え、「間違いだ」と主張するというわけです。

言葉は常に変化し、自分が育ったときに覚えた用法と違うと「言葉が乱れている」と感じるという構造が見えてきます。

「とてもおかしい」のはおかしい？

「全然いい」という言い方が気になる方は、では「とてもいい」という言い方はどうでしょうか。

芥川龍之介は、大正の終わりに、「とても」という言葉は、必ず否定を伴うはずなのに、

「とても安い」などと肯定文の中で使われるようになった、と指摘しています。

「とても寒い」という言い方には、明治時代の民俗学者の柳田国男《やなぎたくにお》が飛び上がるほど驚いた、という記録もあります。

「とても」を肯定文の中で使う用法は、明治の終わりころ、当時の旧制一高（今の東京大学教養学部）の生徒がアルプス登山に出かけて長野県の方言を持ち込んだと言われています（見坊豪紀《けんぼうひでとし》『ことばの海をゆく』）。方言がいつしか共通語になるひとつのパターンです。

現代の用法では、「とても」は肯定、否定どちらに使っても違和感はないはずです。これも言葉が変化する例でしょう。

「ら抜き言葉」も定着する

言葉の変化で一番議論になるのが、「ら抜き言葉」です。私が放送で若者たちの「ら抜き言葉」をいつもたしなめていることは前にも書きましたが、ますます広がっています。

「これ、食べれるよ」

「いま出れる?」

「あそこ、見れるかな?」

私がよく通勤で通る渋谷の街角は、こんな「れる」言葉があふれかえっています。年輩の方がもっとも気になる言葉ではないでしょうか。私も大変気になるのですが、しかし、言葉というものの性格からすれば、「ら抜き言葉」の出現には必然性があるのです。

一九九五年（平成七年）、国語審議会は「共通語においては、改まった場での『ら抜きことば』の使用は、現時点では認知しかねるとすべきであろう」という答申を出しています。「ら抜き言葉」は次第に定着する傾向にあるので、日常会話ではもう仕方がないけれど、公式の場所などでは、いまのところ、まだ認めるのはいやだよ、ということをもってまわった言い方で言っているのです。

そもそも「られる」という言葉は、いくつもの意味を持ちます。ただ「見られる」と言っただけでは、「見ることができる」のか「誰かに見られたのか」、「どなたかがご覧《らん》になった」のか、はっきりしません。この中でもっとも使われることが多いのは、可能の意味の「られる」です。たとえば「食べられる」＝「食べることができる」です。だったら、可能という意味の使い方に限って、「食べれる」と言えば、「食べることができる」という意味が誰にも誤解なく伝わるはずです。誤解が少なくなるという意味では、むしろ合理的な方向に進みつつあるということも可能なのです。

「見れる」「食べれる」という言い方だけが槍玉《やりだま》に上げられますが、もともと「行く」の可能形は「行かれる」、「読む」は「読まれる」と言っていたこともあります。こうした五段活用の動詞は、江戸時代から明治にかけて、「行ける」「読める」と変化しました。

それが今度は、「見られる」や「食べられる」のような一段活用の動詞でも変化が起こり始めたのです。

実は「見られる」という言い方自体、変化してできた言葉です。江戸時代のころには「見らるる」と言っていましたし、それより前の平安時代は「見らる」という言い方でした。「見らるる」こそが正しい言い方だと思っている人は、「見られる」という言い方だって、言葉の乱れと考えるはずです。

私自身は「ら抜き言葉」が嫌いですが、私が使わなくても、「ら抜き言葉」は間違いなく定着するでしょう。それは言葉の本質から見れば歴史の必然だと思います。個人的には寂しいのですが。

鼻濁音が消えるのにも歴史的必然

「ら抜き言葉」とともに消え行くものに鼻濁音があります。これも私個人は、ずっと大切にしていきたいと思っていますが、やがて消えていくのではないでしょうか。

ここで言う鼻濁音とは、ガ行に限ったものです。ガギグゲゴの音です。いまの日本では、一部でガ行の鼻濁音が残っているだけですが、鎌倉・室町時代以前には、ザ行、ダ行、バ行でも鼻濁音が残っていたと言われています。それが、ガ行以外は、次第に衰《おとろ》え姿を消したのです。ガ行こそ残りましたが、鼻濁音は、語中でしか発音されません。第二章でも触れましたが、「小学校」の「が」は鼻濁音でも、「学校」の「が」は濁音なのです。しかも、「十五夜」の「ご」は鼻濁音だけれど、「十五」の「ご」は濁音という例外もでき、ややこしいものになりました。でも、鼻濁音を発音しなかったところで、別段誤解が生じるわけではありません。日常の会話には何の問題もありません。こうなると、発音の単純化という「言語の進化」が始まります。

鼻濁音がない地方の出身者の母親から育てられた子どもは、鼻濁音を知らないまま育ちます。鼻濁音を知らない人が鼻濁音を発音するのはむずかしいのですが、鼻濁音の出せる人は、いつでも鼻濁音抜きの発音が可能です。これは、やがて鼻濁音抜きが大勢《たいせい》を占めることにつながるでしょう。

言葉は多数決で決まる

「ら抜き言葉」が増え、鼻濁音が消えていくのは、「ら抜き言葉」を話す人が多数派になり、鼻濁音を使う人が少数派になるからです。つまり言葉は、多数決で変化の方向が決まるのです。

「貴様」という呼びかけは、相手をののしる言葉です。でも、「貴」は貴重の貴、高貴の貴。「様」はあなた様の様。ともに相手に対する敬称です。その二文字が重なっているのですから、大変ていねいな言葉のはずです。事実、江戸時代までは目上の人への敬称として使われていました。それがいまでは、ご承知の通りです。

高島俊男《たかしまとしお》さんは、「貴様はいい意味の言葉なのだから、相手に対して使っていいのだ」と言い張る台湾からの留学生が、指導教授に対して「貴様の演習に出たい」と言って、教授をびっくりさせたエピソードを紹介しています。(高島俊男『お言葉ですが…』)

本来の正しい使い方を主張しても、用いる人が少なければ、その使い方は、正しくないことになるのです。こんなところは、何でも多数決で決める俗流民主主義のような気がしますが、その一方で、支持の多いものが文化として定着する、とも言えるでしょう。そんな例を次にいくつかご紹介しましょう。

読み間違いが定着する

みなさんは「憧憬」、「消耗」、「洗滌」という言葉を、それぞれどう読みますか？

多くの方が「どうけい」「しょうもう」「せんじょう」と読むのではないでしょうか。これが現代の常識です。でも、もともとは「しょうけい」「しょうこう」「せんでき」というのが正しい読み方だったのです。

「憧憬」の「憧」は右側が「童」で「どう」と読むため、「憧憬」という文字を読めなかった人が、「童」の文字を手がかりに「どうけい」と読み、次第に広がったと考えられます。

「消耗」も同じですね。「耗」を読めなかった人が、「耗」の右側の「毛」を「もう」と読むことから類推して、「しょうもう」と読んだのでしょう。

「洗滌」も「滌」の「條」を「じょう」と読むことから「せんじょう」という読み方が定着しました。しかし「滌」という文字は常用漢字ではないため、「せんじょう」の読み方に「洗浄」の文字を当てました。こうして「洗浄」という新しい言葉が生まれたのです。

正しい読み方を知って困ることも

間違った読み方から、新語が生まれてしまった例があります。「独壇場《どくだんじょう》」という言葉です。「この分野に関しては、彼の独壇場だね」などと使います。その人のひとり舞台という意味です。ところが、この言葉はもともと「独擅場」と書いて「どくせんじょう」と読んだのです。「擅」とは、ほしいまま、という意味ですから、「独擅場」とは、ひとりでほしいままに活躍する場、ということになります。この「独擅場」の「擅」という字を「壇」と見間違えて「だん」と誤って読み、そのまま「壇」の字を使うようになったというわけです。

本来の正しい読み方を知ることで、悩みも始まります。早稲田大学の中村明教授は、「独擅場」という文字が正しいと知ってからは、「どくだんじょう」という言葉が使えなくなったそうです（『センスある日本語表現のために』）。国語学者としては当然でしょうね。

でも、「どくせんじょう」と発音したら、相手に伝わるかどうか怪しくなります。「独占場」とでも言っているのかな、と思われるかもしれません。本当は「どくせんじょう」と言うんだそうですが、などと前置きすると、「なんてペダンチックな学者だ」と思われるかもしれません。（「ペダンチック」というのは、「物知りの学者ぶること」です。こんなことをわざわざ

説明するのを「ペダンチック」と言うのでしょうね）

「結局、どちらのことばも平気な顔で言えなくなり、自分の話しことばから私はその語を失った」そうです。知らないほうが幸せだった、ということはあるものなのですね。

このほか、誤った読み方が定着した言葉には、次のようなものがあります。

「御用達」 本来は「ごようたし」だったが「ごようたつ」に。

「固執」「こしゅう」が「こしつ」に。

「直截」「ちょくせつ」が「ちょくさい」に。

「矜持」「きょうじ」が「きんじ」に。

「攪拌」「こうはん」が「かくはん」に。

「堪能」「かんのう」が「たんのう」に。

いずれも、それぞれ単独の漢字の読み方や旁《つくり》（字の右側）の読み方、似た漢字との勘違いなどから発生していることがわかると思います。

でも、いまさら正しい読み方を知ったところで、昔に戻るわけにもいかないし、ということでしょうか。そうそう、「あなたの過去など知りたくないわ……」という歌がありましたっけ。

言葉の「ゆれ」か「乱れ」か

言葉は生き物です。常に変化しています。この変化を「ゆれ」と考えるのか、「乱れ」ととらえるのか。人によって立場は異なるでしょう。

一九九五年(平成七年)に答申を出した国語審議会によると、言葉の「ゆれ」とは客観的な認識のことであり、「乱れ」は価値判断を伴った認識だというのです。

たとえば「ら抜き言葉」を使う人が増えてくると、これを言葉の「ゆれ」と考えます。このとき、「ら抜き言葉」は正しくないと考えている人からすれば、こういう状態は、言葉の「乱れ」だというわけなのです。

言葉は変化する。変化の途中で、本来のものとは異なる用法が定着し始める。最初は「誤用だ」で終わるが、次第にその用法を使う人が増えてくると、「ゆれ」として扱われる。その用法が気になる人からみれば、「乱れ」である、という構図が浮かび上がってきます。

言葉の変化の必然性

年輩の人が嘆く言葉の乱れ。でも、言葉の変化には、それなりの合理性があるのです。この点について井上史雄さんは、言語、空間、時間、社会の四つの次元から説明しています。

（井上史雄『日本語ウォッチング』）

まず「言語の次元」です。言葉の変化には、言語学的な理由があるということです。変化した後で振り返ってみると、合理的な方向へ変わっているというのです。基本的に、言葉は単純化・明晰化・労力節約の方向へ進んでいきます。「ことばは経済的な方向に進化するのです。

次に「空間の次元」です。東京の言葉が地方に広まったり、地方の方言がいつしか東京に入り込み、そこから全国に流れていくという動きもあります。

続いて「時間の次元」です。歴史的変化のことです。言葉の変化は、まず若い人たちの間で広がります。これが世代間の差として受け取られます。社会の世代交代とともに、社会に広く通用する言語も変化するのです。

「今の老人のことばと若者のことばの違いの一部分は、じつは長い歴史的言語変化のひとこまなのだ」

そして最後に「社会の次元」です。言葉の使われ方は、性別により、社会階層により、さまざまな違いが見られます。それがいつしか、たとえば若い女性が先導する形で変化します。上からの押しつけで共通語を広めることもあれば、民衆レベルでの言葉づかいが、いつしか全国に広がることもあるのです。

言葉の使用法の変化を放送は追認

省略された言葉、方言、若者の流行語、若い女性の言葉。こうした言葉は、口伝えに広がりますが、その途中でマスコミに乗ると、一気に全国レベルに拡大します。バラエティ番組やタレントインタビューなどはもちろんですが、若者向けの雑誌の表現なども大きな影響力を持っています。

NHKの場合、新しい用語や、従来なかった使用法、読み方について、定期的に「放送用語委員会」を開いて検討しています。専門家の国語学者を招き、放送現場の人間も交えて議論をします。基本的な考え方は、世の中の動きに一歩遅れてついていくということです。

「早急」という漢字を「そうきゅう」と読んだり、「重複」を「じゅうふく」と読んだり、「荒らげる」を「あらげる」と読んだり(元来は「あららげる」)する風潮が広がっても、NHKの放送用語は、直ちにその後を追うことはしません。しかし、あまりに広がって、「そうきゅう」と読むことに違和感を感じる人が少なくなったと判断すれば、「そうきゅう」と読むことも認めることにします。その場合、本来の読み方は(1)として、許容する読み方を(2)の項目に入れるのです。

広く社会での言葉の使用法が変化すれば、放送用語もやがて追認するのです。

生きている言葉は変化する

「言葉の乱れ」を嘆く人はいつの時代にもいるのですが、言葉は、生きているからこそ、「乱れ」たり変化したりするのです。

ヨーロッパのさまざまな言葉のもとになったラテン語は、乱れることがありません。「死んだ言葉」だからです。誰も日常生活で使っていないので、乱れることもなければ、変化することもありません。ヨーロッパの人の教養として学ばれるだけなのです。

国語学者の金田一春彦さんのお父さんの金田一京助《きんだいちきょうすけ》さんは、日本語の動詞の活用の形が、平安時代には九種類にも分かれていたものが、次第に整理されてきたことに触れて、「この流動の進みこそ、個人を超越した大きな動きで、いかなる天才もかつて夢想《むそう》だにしなかった雑多を整理する統一の作業を完成しつつあるのには、何人《なんぴと》も驚嘆《きょうたん》を禁じ得《え》ない」と賛辞を贈っています。そして、「言語の変化は言語の発達であり進化である。変化をよそにしては言語の生命がない」と断言しています。（金田一京助『日本語の変遷』）

人間には過《あやま》ちがつきものです。私たちは、日常会話で、しばしば言葉づかいを間違えます。それが自然なことでしょう。その間違いが、その場かぎりで姿を消すこともあれば、広く社会に通用することもあります。やがて、それが新しい言葉づかいになります。それが、生きている、ということなのでしょう。言葉は、誰もが使うことのできる道具です。誰もが使えば、次第に、みんなが使いやすいものに変わっていくでしょう。急激な変化は、古くからの道具に慣れ親しんだ人にとっては戸惑うことかもしれませんが、言葉という道具は、自らを変化させることで、新しい時代にも生き続けることができるのではないでしょうか。

日本語の問題点⑰　E電は消えてしまった

言葉は変化すると言っても、ある集団が勝手に作り出したものが社会に受け入れられるとはかぎりません。

たとえば国鉄がＪＲになったときに、それまで「国電」という愛称で呼ばれていた東京都内の路線を何と呼び変えるかが問題になりました。ＪＲは、識者《しきしゃ》を集めて選定委員会を作り、「国電をE電と呼び変える」と発表しました。

ところが、英語の一部と漢字を組み合わせるこの言葉には反発が強く、この呼び方をしたのは当のJRだけで、結局、ほとんど姿を消しました。言葉は生き物。人間が勝手に決めようとしても、それ自体で定着したり、消えてしまったりするのです。

第七章　言葉は文化を映す

「発見」か「到達」か

時代とともに変化する言葉の様相《ようそう》をこれまで見てきました。言葉というものは、使われている社会を映す鏡でもあります。言葉から文化をちょっとのぞいてみましょう。

「一四九二年、イヨクニ燃えるコロンブス」などという語呂《ごろ》合わせでコロンブスのアメリカ「発見」の年号を学生時代に覚えた方も多いと思います。私も昔は疑問に思わなかったのですが、コロンブスがアメリカを「発見」したとき、アメリカ大陸には、すでに住人がいました。

この人たちからすれば、「自分たちは発見される前から住んでいたぞ。我々が、アメリカにやって来るコロンブスを発見したんだ」ということにもなります。

「アメリカ発見」という言葉自体、ヨーロッパ中心の発想だということです。このため、いまは「コロンブスのアメリカ大陸到達」という言葉が使われています。コロンブスがアメリカ大陸に「到達」したのは事実ですから、大変客観的な言い方です。

時代とともに考え方が変わり、使われる言葉も変わるひとつの例です。

日本も「発見」されていた！

同じように日本も「発見」されていたことをご存じですか？　どこの国に？　ヨーロッパのポルトガルに、です。

これは神戸市立外国語大学教授の浅井《あさい》信雄《のぶお》さんが、『マカオ物語』の中で紹介しているエピソードです。

一五四三年（天文十二年）、種子島にポルトガル人が漂着《ひょうちゃく》し、日本に鉄砲を伝えました。この鉄砲（火縄銃《ひなわじゅう》）を駆使した織田信長が、戦国時代の戦争の様相を一変させるなど、日本の歴史に大きな影響を与えた出来事でした。この鉄砲伝来から四五〇周年に当たる一九九三年（平成五年）、種子島で記念式典が開かれました。

この式典に出席したポルトガル政府の要人は、「四五〇年前、ポルトガルは日本を発見した」とあいさつしたそうです。

「ポルトガルに発見してもらわなくても、日本は存在していたぞ」と言いたくなりますよね。

地球の裏側？

このポルトガルの要人は、自国中心の発想だったわけですが、私たちも笑ってばかりはいられません。私が子どものころ、ブラジルなどの南米のことを「地球の裏側」などと言ったものです。

いまでも言う人がいるようですが、これなど日本側からの勝手な言い分ですよね。ブラジルから見れば日本が「地球の裏側」になりますが、そもそも地球の上に、表や裏はありません。日本から見れば、「地球の反対側」と言うべきでしょう。

表日本と裏日本？

日本国内でも問題になった言葉がありました。表日本と裏日本です。日本海側の地方を「裏日本」と呼んだことがありました。

これなどは、表日本だと思っている東京の人間の一方的な発想です。日本海側からみれば、日本海側こそが「表日本」なのですから。「裏日本」という言葉は、冬場は雪に閉ざされ、経済発展が遅れた地方というイメージを持っていました。

同じように「山陰《さんいん》」という言葉も、「裏日本」に通じる語感があります。中国山地をはさんで「山陽《さんよう》」と「山陰」。

冬、中国山地を南北に貫《つらぬ》くトンネルを抜けると景色《けしき》が一変します。太陽がふんだんに当たる「山陽」側から見れば、どんよりとした雲におおわれる〝山の向こう〟は確かに「山陰」なのですが、何だか暗いイメージがつきまといます。

このイメージを嫌った人たちが、「山陰」に代わる呼び名を募集したことがあります。その結果、選ばれた言葉は「北陽」でした。「山陽の北」とでもいうことなのでしょうか。以来、「北陽」という名前のついた企業なども登場しましたが、地方の呼び名としては、定着していません。

かつて松江に暮らしていた私にとっては、「山陰」は、静かで落ち着いたたたずまいの町を想起させてくれて、個人的には好きな言葉なのですが、語感は個人によって異なりますから、意見は分かれるでしょう。

「逆単身赴任」は地方差別だ

「このたび家族を地方に残し、東京で逆単身生活を送ることになりました……」などというあいさつ状を受け取った方もいるのではないでしょうか。

東京に家族を残してお父さんだけが地方に転勤するのが「単身赴任」です。これに対して、子どもが小さいうちは家族そろって地方に引っ越したものの、子どもがその地方で進学したため、奥さんと子どもを残して、お父さんだけが東京に戻ってくるのが「逆単身赴任」です。

でも、よく考えてみると、これはヘンな言葉です。家族を残してお父さんだけが転勤することに変わりはないのですから、ただの「単身赴任」と言っていいはずです。それをわざわざ「逆」という言葉をつけるということは、東京中心主義の発想が裏にあるのでしょう。

こうして見ると、「発見」にしても「裏側」にしても「裏日本」にしても、自分中心の発想、中央中心の発想だということがわかります。どんな言葉を使うかで、その人の発想・文化がわかってしまうのです。

主婦は「留守番」？

住宅に強盗が入ると、「留守番《るすばん》の主婦をしばりあげ……」などというニュースが、昔はよくありました。いまでこそ聞かれなくなった表現（のはず）ですが、これは「主婦は家で留守番をしているもの」という、古くからの男性中心主義の発想から来る表現です。

かつて私が夕方の首都圏向けのニュースのキャスターをしていたときのこと、「女性都議会議員」の不祥事《ふしょうじ》というニュースがありました。私が何気なくこの原稿を読んだところ、抗議電話がかかってきました。

「男性の都議会議員が不祥事を起こしたら、男性都議会議員が、という表現をするんですか？　ことさらに女性都議会議員という言い方をするのは、どういうことでしょうか」というものでした。この指摘には、一言もありませんでした。

国会議員に女性が増え、内閣にも女性大臣が誕生するようになって、政治の世界の下品な言葉が槍玉に上がったこともあります。

税制改革をめぐる議論で、「赤字国債のたれ流し」とか「借金の尻ぬぐい」とか「食い逃げ」とかの表現です。（倉島長正《くらしまながまさ》『正しい日本語101』）

国会や内閣、官庁に女性が少なかった時代に生まれた下品な言葉が、問題にされるようになったのです。このあたりは、男性中心主義の発想が問われているのですね。

日本語の問題点⑱　ポリティカリーコレクト

「発見」を「到達」と言い換えたり、「インディアン」を「ネイティブアメリカン」(もともと住んでいたアメリカ人)と呼び変えたりすることを、英語ではポリティカリーコレクト(政治的に正しい言い方)と言います。

会議の議長のことを昔はチェアマンと呼んでいましたが、女性の議長も登場するので、「チェアパーソン」と言い換えました。

同じようにカメラマンはフォトグラファー、アンカーマン(テレビのキャスターのこと)はアンカー、ファイアマン(消防士)はファイアファイター、ポリースマンはポリースオフィサーという具合です。

女性の社会進出の進展や、人権意識の高まりによって、表現が変わっていくのは、時代の当然の流れではありますが、ポリティカリーコレクトが行き過ぎると、「言葉狩り」の様相を呈《てい》してしまい、かえって問題になります。

背の低い人のことを「垂直に挑戦を受けている人」などと言う言い方まで登場してい

るのです。当然のことながら、「髪の毛の不自由な人」という表現もあります。

「言霊」という言葉、知ってますか

一九九九年（平成十一年）一〇月、民放の日本テレビが、局のイメージコマーシャルでのスローガンを、それまでの「日テレ営業中」から「日テレ式」に変えました。とたんに、新聞のコラムで批判されました。

「日テレ営業中」は商人（あきんど）用語で、腰が低い。そもそも、「放送中」を「営業中」と矮小化《わいしょうか》してみせたところに、アイディアがあった。

一方の「日テレ式」は、どうも頭《ず》が高い。これはわが局の方針なのだから、気に入らなきゃ見なくて結構……とでも言いたげに響いてくる。

まさか、こっちを日本テレビが望んでいるとは思えないが、言葉は言霊《ことだま》、くれぐれも油断めさるな。（「東京新聞」一九九九年一〇月二一日付朝刊）

日本には、昔から「言霊信仰」があると言われてきました。「言霊」とは、言葉に特別な霊《れい》が宿り、言葉を口にすると、それが実現すると信じられてきたことです。実現することは善悪どちらもあって、願いごとを口にすれば願いがかなうし、不吉なことを言うと、それも現実になってしまう、という考え方です。

この新聞のコラムでは、テレビ局が宣伝文句を変えたことで、テレビ局自身の姿勢も変わってしまう可能性があるよ、と警告しているのですね。

「言霊」が支配する国・日本

日本の言霊信仰なんか知らないよ、という人もいるでしょうね。そんな人でも、たとえば結婚式でのあいさつで、「切れる」とか「割《わ》れる」とか「終わる」とかいう言葉を使ってはいけない、ということを聞いたことがあるのではないでしょうか。

こうした用語は「忌《い》み言葉」と呼ばれます。新郎新婦がウエディングケーキを「切る」ことは「入刀」と言い換えられ、樽《たる》に入ったお酒のフタ（鏡）を「割る」ことは「鏡開き」と言い、結婚式が「終わる」ことは「お開き」になります。

商売人の家では「する」（＝失う）という言葉が嫌われ、「すり鉢」は「あたり鉢」に、食べ物の「するめ」は「あたりめ」に言い換えられました。

四や九の数字は「死」や「苦」につながると考えられ、ホテルの部屋番号には使われないことが多いことにお気づきですか。高層なのに「四階」が存在しないホテルもあります。製鉄会社の中には、「鉄」という字が「金を失う」と書くからという理由で、つくりの「失」を、上の部分を出さない「矢」にして新しい字を作ってしまい、会社の名前に使っているところもあります。これなど、言霊信仰による縁起《えんぎ》かつぎです。

どうですか。一般家庭でも受験生がいる家では、試験日が近づくと、「滑《すべ》る」や「落ちる」が禁句になることがあるでしょう。家族がスキーに行っていくら滑ろうと、それで受験生が試験に滑るわけでもないのに、「滑る」と口に出すと、本当に「滑る」ことが現実になってしまうのではないか、という恐怖心がどこかにあるのです。これが「言霊信仰」です。

「万葉集」の中で、柿本人麿《かきのもとのひとまろ》は次のように歌っています。

磯城島（しきしま）の日本（やまと）の国は言霊の幸（さき）はふ国ぞま幸（さき）くありこそ（『日本古典文学大系6　萬葉集三』岩波書店）

「日本は、言霊が幸福をもたらす国です。どうぞこれからの航海の安全をお祈りします。(こう口に出して言うことで安全が実現します)」という意味なのですね。

万葉集に歌われた「言霊」信仰が、現代の日本で生きているのです。

この考え方が極端に進んだのが、太平洋戦争中です。「敵性語」(敵の言葉)である英語を一切禁止したという話をご存じのことと思います。野球でストライクを「よし一本」、ボールを「一つ」と言い換えるという努力が払われ、英語を勉強する者は「非国民」扱いされました。

日本と戦争になったとたん、日本語のできる要員を大量に養成して、日本の情報の収集に努めたアメリカとは対照的でした。

言霊信仰にとらわれたために、日本は自ら墓穴《ぼけつ》を掘ったのです。

古代の人々は、言葉に魂《たましい》が宿り、不思議な力を持つと信じました。ここから「言霊」信仰が生まれました。言葉は確かに、使い方次第で、人の心を動かし、人を行動に駆《か》り立てる力を持っています。しかし、口に出すだけで言葉が現実をもたらすという素朴な信仰は、現実社会にマイナス面をもたらしています。

会社の重要なプロジェクトに担当者全員が全力を挙げているときに、「失敗したらどうしよう」と発言することはタブーとされてしまいます。本当に失敗したら、「お前が不吉なことを言ったからだ」と本人の責任にされかねません。

しかし、こんな風潮では、「もしこのプロジェクトが失敗したら、次にどんな手を打てばいいのか」という危機管理の意識は生まれてきません。

「原子力発電所は安全です」と言っている以上、地域住民の避難訓練は必要ない、という発想も、「言霊」信仰にしばられたものでしょう。「念のため最悪に備える」というアメリカ的な危機管理意識が日本にいつまでも根づかない理由だと思うのですが。

まさに言葉は、その国の文化を象徴するのです。

所と時代が変われば意味が変わる

時代とともに変化する言葉は、その社会を映し出す鏡でもあるということを見てきました。と同時に、同じ言葉でも、使われる場所により、時代により、異なった意味で使われることがあるのです。

そのいい例が、「いろはカルタ」にも登場することわざ「犬も歩けば棒に当たる」です。このことわざは江戸時代にできました。この頃は、「犬が勝手にあちこちを歩き回ると、棒でなぐられる」という意味でした。悪いことのたとえだったのです。

それがいまでは、「記者は足でかせがなくちゃ、いい情報を手に入れられないぞ。犬も歩けば棒に当たる、と言うだろう。ホラ、せっせと町を歩いてこい」などと新人記者に先輩が説教します。すっかりプラスのイメージになっています。

これなどは、時代によって変化した解釈です。これに対して、所変われば、の好例が、「転石苔《てんせきこけ》を生《しょう》ぜず」のイギリスのことわざです。

イギリスでのもともとの意味は、「よく転がる石に苔が生えないように、住所や職業を転転としていると、金持ちになれない」という意味でした。気軽に転職することをたしなめるものだったのです。ところが、このことわざがイギリスからアメリカに渡ると、「常に活動していれば、サビつくことはない」という意味に受け取られるようになりました。転職の勧めになってしまったのです。

一ヵ所でじっくり仕事をすることが望ましいと考える国と、転職をくり返すことで社会階層を上っていくことが当然の国との違いが、ことわざの解釈にも現れたのですね。

「頑張れ」とは何を頑張るの？

日本人の好きな言葉に「頑張れよ」があります。受験生に対して「頑張れよ」、野球の選手に向かってアナウンサーが「頑張ってください」、果ては新婚旅行に旅立つカップルに向かって「頑張れよ」。

最後のはちょっと下品かもしれませんが、日本人は本当に「頑張れよ」という言葉が好きですね。私もフト気づくと使っています。プロ野球のオーナーが外国人選手に対して「頑張れよ」と声をかけたのを通訳が「ドゥー・ユア・ベスト」と訳したところ、その選手が「おれはいつも最善をつくしている」と言って怒ったというエピソードを、丸谷《まるや》才一《さいいち》さんが紹介しています。（丸谷才一『丸谷才一の日本語相談』）

これなど、国による文化の違いをはっきり示しています。アメリカでは、誰かを励ますときでも、「テイク・イット・イーズィ」（気楽にやれよ）だったり「グッド・ラック」（幸運を祈る）だったり「エンジョイ」（楽しめよ）だったりします。

常に選手に対して「頑張れよ」と声をかける日本の習慣は、オリンピックなどの大舞台《おおぶたい》での日本人選手にプレッシャーを与えるだけのような気がするのですが。

これについて、アメリカでの留学経験のある慶応大学教授の竹中平蔵《たけなかへいぞう》さんが、日本でなら「頑張れ」という状況のとき、アメリカでは「ユウ・キャン・ドゥ・イット」と言うと発言したのを受けて、アメリカで弁護士を経験した慶応大学教授の阿川尚之《あがわなおゆき》さんは、次のように言っています。

じつは私は、日本語の「頑張れ」という言葉があまり好きではありません。別に頑張るということ自体を否定するわけではありませんが、私が留学していたときに会社の友だちが手紙をくれると、必ず「僕も頑張るから、君も頑張ってください」と書いてある。その言葉のなかには、ある種の波長《はちょう》を合わせるという意味がこめられています。考えすぎかもしれませんが、「頑張れ」のなかには一緒に「頑張ろうね」というのが入っていて、同時にそこには「頑張っておれより先にいっちゃいけない」という意味もあるような気がします。

ついでにもう一つ言うと、頑張りさえすれば体力や知力がなくても何でもできるという一種の精神主義もある。H2ロケットを打ち上げた技術者も「頑張れ」という言葉は嫌いだと言っていました。「頑張れ」と言うだけではロケットは上がらないからです。

私は、「ユウ・キャン・ドゥ・イット」という、突き放したドライさみたいなもののほうが好きですね。（竹中平蔵・阿川尚之『世界標準で生きられますか』）

異文化を経験した人たちは、日本の国内で何の疑いもなく使われている言葉を、日本の文化の反映として受け止めているのですね。「『頑張れ』と言うだけではロケットは上がらないからです」という言葉は、現代の「言霊」信仰への痛烈な批判になっています。

第八章　敬語を敬遠しないで

なぜ敬語が必要なのか

日本語の特徴の中で、いまの若い人にとって一番疑問に思うことは、「なぜ敬語が必要なのか」ということではないでしょうか。これこそ「日本語の大疑問」でしょう。

文章の最初に「お」か「ご」をつければいいのか、「れる」「られる」をつければいいのか、など基本的なルールを知らないと、どう使えばいいのか迷うことばかりだと思います。

実は、敬語を使っているからと言って、相手を尊敬しているとはかぎりません。「敬意を示さなければならない」という社会的な場で、礼儀として、また社会常識として敬語を使っているのが実情です。でも、それが世の中の潤滑油《じゅんかつゆ》になっているのも確かです。

多くの人が苦手《にがて》としている敬語について、その基礎・基本に触れておきましょう。敬語を敬遠しないために。

日本語の問題点⑲ 「御中」を「ギョチュウ」

歌人の俵万智さんが神奈川県立高校の先生をしていたときのこと。就職試験が近づくと、「先生、敬語教えて」と駆け込んでくる生徒たちがいたエピソードを紹介しています。手紙のあて先の「御中」を「ギョチュウ」と読む生徒だったということですが。（『日本語よどこへ行く』）

俵さんの有名な短歌に「万智ちゃんを先生と呼ぶ子らがいて神奈川県立橋本高校」というのがありますが、実態は、むしろ「先生を万智ちゃんと呼ぶ子らがいて」だったそうです。学校の先生に対して友だちのように話しかけてくる高校生の様子がうかがえます。

敬語を敬遠している人たち

使うのがやっかいな敬語を敬遠した話し方について、実践女子大学教授の山口仲美《やまぐちなかみ》さんは、デパートの店員の客への応対例を紹介しています。（『國文學』一九九五年一二月号）

客の希望の色を聞き出す質問が、「お色の希望は」で終わってしまう、というのです。本来なら、この後に「いかがでいらっしゃいましょうか」などの述語が続くはずなのに、それを省略してしまうのです。

ネクタイを勧めるときも、「変わった感じのチェックで、こういう細目《ほそめ》のものが」で終わってしまい、後半の「お似合いになるのではないでしょうか」が消えてしまいます。「尊敬表現を平素《へいそ》用いないために、言いにくく、結果として省略してしまっているというのが実情であろう」と山口さんは推測しています。

「そうか、その手があったか」などと感心している人もいるかも（いらっしゃるかも）しれませんが、その場しのぎの〝逃げ〟でしかありません。

大人たちの間違い敬語

敬語が苦手なのは、若い人だけではありません。大人たちがふだん、どんな間違いをしているのか、代表的な例をご紹介しましょう。

駅のアナウンスが流れます。「お客様の○○さん、おりましたら、駅事務室までおいでください」

よく聞く表現です。でも、「おりましたら」の「おる」という言葉は、身内をへりくだった言い方です。それをお客に対して使っては、お客を見下《みくだ》していることになります。

役所のお知らせで、「希望の方は申し出てください」。

「申し出て」の「申す」は「言う」のへりくだった言い方です。相手に対して「申す」ように求めているのですから、明らかに住民を見下していることになります。やっぱりお役所は、というところでしょうか。

そもそも「申す」が、話す主体を低く見る言い方ですから、「部長が申されましたように」とていねいな言い方にしても、尊敬語にはなりません。これでは上司の部長をていねいに低く見ていることになります。これも間違った言い方なのです。

会社でよく聞く表現に、「ご苦労さまでした」があります。上司が帰る際、部下がこう声をかけることがあります。

ところが、「ご苦労さまでした」というのは、「ねぎらい」の言葉です。部下が目上の人を「ねぎらう」ことはできません。「ねぎらう」こと自体、目上の者が下の者に対して行う行為だからです。部下が先に帰るときに上司が「ご苦労さまでした」とねぎらうのなら問題はないのですが。

では、部下は上司に何と言えばいいのか。「お疲れさまでした」なら、違和感が少ないようです。「お世話さまでした」という古風な言い方もあるようです。

同様に、上司の仕事ぶりを、部下が「お見事でした」とほめるのも失礼な言い方になります。ねぎらいをこめたほめ言葉も、部下に言う表現だからです。

どうですか。大人社会でも、敬語の使い方を間違えている人は多いのです。若い人だけの問題ではありません。

「自分で自分をほめてあげたい」？

あなたは植木に水を「やり」ますか、「あげ」ますか？

植木などない？　では、ペットにエサを「やり」ますか、「あげ」ますか？

この表現は、常に議論になっています。新聞の投書欄で議論になることも多いので、目にした方もいることでしょう。「やる」は目下に言う言葉、「あげる」は目上に言う言葉ですから、植木やペットに敬語を使うのはおかしい、という議論になるわけです。同じように、自分の子どもに対しても、おやつを「あげる」のではなく、おやつを「やる」のだ、ということになります。

この批判に対して、「植物には、親しみをこめて擬人化《ぎじんか》して、あげるを使っている」とか、「動植物にあげるを使うのは、生き物を人間と同じものと見る東洋的思想が感じられる」とかと反論する人もいます。

これはこれで妙に納得してしまうのですが、自分の子どもについては、どうでしょうか。子どもと一対一のときなら、「おやつをあげる」で構わないと思うのですが、第三者に対して、「うちの子におやつをあげてから会いましょう」などと言うのは、ちょっとひっかかるかもしれません。

この「あげる」の表現が一躍《いちやく》有名になったのは、アトランタオリンピックの女子マラソンで有森裕子選手が言ったという「自分で自分をほめてあげたい」です。

これでは自分を尊敬していることになるからおかしい、とひっかかる人が出ました。正しくは「自分で自分をほめてやりたい」と言うべきだ、というのです。でも、女性が「やりたい」と言うのは、乱暴な言葉づかいの印象を与えるから、「あげたい」を使ったのではないか、という指摘もありました。

と、ここまで書いたところ、「有森選手は、正しくは『自分で自分をほめたい』と言っていたはずです」という指摘を受けました。あわてて調べたところ、その通りでした。

有森選手は「自分をほめたい」と言っていたのに、内容が伝わっていくうちに、いつのまにか「ほめてあげたい」と、流行の「あげたい」がつけ加わってしまいました。変化してしまったコメントをめぐって、第三者が勝手に議論していたのですね。

要は私の確認ミスなのですが、それにしても、「あげたい」という言葉がいかによく使われているかを再確認することになりました。

敬語は乱れているのか

さきほど、大人でも敬語の使い方を間違えるという話をしましたが、では、敬語の使い方は乱れているのでしょうか？

これについて国立国語研究所が、一九五三年（昭和二十八年）と一九七二年（昭和四十七年）に、愛知県岡崎市で大規模な面接調査をしたことがあります。二〇年間に敬語表現がどう変化したのかを調べました。

その結果、ていねいな場面ではよりていねいに、乱暴な言葉づかいの場面ではより乱暴になっている傾向がうかがえるものの、全体としては、大きな差が見られなかったという結果になっています。

ただ、二回目の調査からもすでに三〇年近くたっていますから、その後の変化についてはわからない部分がありますが、その点に関しては、一九九五年（平成七年）に文化庁が実施した「国語に関する世論調査」が参考になります。

この調査は全国が対象ですが、自分の敬語の使い方についてどう思っているか聞いたところ、「適切に使っていると思う」が一五パーセント、「人並みに使っていると思う」が五二パーセント、「使いたいと思うが、十分に使えていないと思う」が二九パーセントでした。

これは本人の意識を聞いたものですから、客観的に見て本当に使えているのかどうかわかりませんが、意外に多くの人が敬語をきちんと使っているつもりであることがうかがえます。

敬語の三つの種類

ではここで、敬語に関する基本をまとめておきましょう。敬語には、大別《たいべつ》して尊敬語、謙《けん》譲語《じょうご》、ていねい語があります。

尊敬語は、ある動作をする人に対する敬意を表します。謙譲語は、自分をへりくだって言う言葉です。ていねい語は、聞き手に敬意を示したり、上品に言ったりするものです。

たとえば「会う」という一般的な動詞が、尊敬語では「お会いになる」となり、謙譲語では「お目にかかる」になり、ていねい語では「会います」となります。

これが「言う」ですと、尊敬語では「おっしゃる」、謙譲語で「申す」、ていねい語で「言います」となるわけです。

謙譲表現ですと、自分の妻のことを「愚妻《ぐさい》」と言ったり、子どものことを「豚児《とんじ》」と呼んだりしますが、これは、本人が本当に思っているわけではなく（そうですよね？）、自分の家族を低く言うことで、相対的に相手を立てる構造になっています。

また、以上の三種類のほかに、美化語《びかご》という分け方をすることもあります。「休み」を「お休み」、「勤め」を「お勤め」と言ったりすることです。

「お」や「ご」をつけることが多いのですが、何でも「お」をつけると、かえって変なことになるのは、ご承知の通りです。

料理番組で、「お大根」とか「お醬油《しょうゆ》」などと乱発する人がいますよね。「奈良漬」にもつけてしまいそうで、心配になります。

味噌汁の別名の「おみおつけ」は、「つけ」にまず「お」がついて「おつけ」になり、これに「御」がついて「みおつけ」、さらに「御」がついて「おみおつけ」と〝向上〟しました。結局、「御」を三つもつけた「超美化語」になったのですが、いつしか一般名詞になってしまいました。これも「言葉は変化する」一例です。

目上の人に「あなた」と言えない

自分のことを指す「私」や「僕」を一人称、相手のことをいう「あなた」は二人称、第三者を指すのは三人称という区分けがあります。英語ですと、二人称は「Ｙｏｕ」で済んでしまいますが、日本語ですと、これがむずかしいのです。

わが子を叱るときには「お前は」という言い方ができますが、会社の上司に対して、「あなたは」という言い方は避けるべきです。これは日本人には常識になっているのに、外国人に日本語を教える時は、「英語のＹｏｕに当たるのは、あなたです」と教えてしまいがちです。これについて、高島俊男さんは、こんなエピソードを紹介しています。（高島俊男『お言葉ですが…』）

教師仲間と中国・上海の繁華街を歩いていたときのこと。日本語学習中の青年二人に「あなたがたは日本人ですか」「あなたがたの職業はなんですか」と聞かれ、同僚の語学専門家が、「日本語には二人称はないんだ」と教えたというのです。

「あなたがたは日本人ですか」と聞かずに、「日本の方ですか」と尋ねるのだ、と説明したそうです。

この説明ぶりを見ていた高島さんは、「日本語に二人称がないことはない。君、あなた、おまえ。しかしどれも目下に対するものだから、これから日本語を学ぶ外国の青年にとってはないも同然である」と、この説明ぶりに感心しています。私も納得してしまいました。

確かに会社の上司に対しては、「部長」とか「課長」とか役職名で呼ぶことが多いはずです。部長に面と向かって「あなたは」と呼びかけるのは、ケンカをふっかけているときぐらいのものでしょう。

デパートの店員も、客に対して「あなたは」とは言いません。「お客様は」と言うはずです。

二人称を避けるとは、なんとも回りくどい言い方をするものですね。でも、文学作品の中の会話を読むときには、誰の発言かいちいち表記していなくても、それぞれの敬語の使い方から、どちらが話しているかがわかる仕組みになっています。

「敬語はウソの言語表現」との批判

敬語の存在を厳しく批判する専門家もいます。言語学者の田中克彦《たなかかつひこ》さんは、外国人学生が、母国に進出していた日本企業に勤めていて、日本人上司に対して「あなたは」と話しか

けたことを理由にクビにされた例を紹介しています。(『月刊言語』一九九九年一一月号)

「この人は、クビと引きかえに日本語では、自分を支配する人間に対しては、通常の二人称代名詞が使えないという、おそるべき敬語体験をしたのである」

このように述べた田中さんは、さらにこう主張します。

「二人称敬語は権力関係そのものを反映するだけでなく、その権力関係を温存し、形骸化《けいがいか》した後もなお強化しつづける点で、平等主義と民主主義にとっては絶えざる敵である。(中略)敬語の現実は、最も敬意を伴わない、権力と支配の関係を反映しているという意味で、その名に反する、ウソの言語表現である。(中略)敬語の習熟《しゅうじゅく》にいそしむことは、決して知力の鍛練《たんれん》に貢献しないのみか、その逆である。それは、人類がすでに克服してきた、支配と従属の心理を、言語的に心に刻むための、ドレイ的な訓練である」

いかがですか。皆さんは、この批判をどうお思いでしょうか。こういう批判的な見方もあるのですね。

敬語の意味についての私なりの考えは、この後述べますが、尊敬や謙譲を表す敬語が、単に形式的なものになってしまったり、上司への単なるゴマスリとして過剰表現に〝発展〟してしまったりしてはいけないのだと思っています。

相手の呼び方で二人の仲がわかる

厳しい批判もある日本の敬語ですが、敬語自体は、日本特有のものではありません。外国にも存在するのです。

英語ですと、「敬語なんかない」と思ってしまうかもしれませんが、そうではありません。たとえば本屋で本を買うとき、Give me that book.（あの本をくれ）と言うと大変ぶっきらぼうで失礼になります。Will you give me that book?（あの本をいただけませんか）ならていねいになります。さらにていねいにしようとすれば、Would you please give me ～? になります。「もしよろしければ～」というニュアンスです。

あるいは、I wonder if you could～という言い方もあります。「～していただけないでしょうか」という感じでしょうか。

気軽にファーストネームで呼び合うように見えるアメリカ社会にも、時と場所をわきまえた敬語表現が存在するのです。

これがフランス語やドイツ語になりますと、英語の「Ｙｏｕ」に当たる二人称代名詞が、相手によって変化します。ていねいな呼び方と気軽な言い方があるのです。ドイツ語で「お前」は du、「あなた」は Sie になります。フランス語は、「お前」が tu、「あなた」が vous です。

「フランスの映画を見ておりまして、若い男女がはじめは vous と言っていたのが、途中から tu に変わったとしますと、フランス語を知っている人は、ははあ、あそこでこの二人は肉体的な関係を結んだんだな、ということがわかるのだそうでして」と金田一春彦さんは感心しています。（金田一春彦『日本語の特質』）

世界各国の言葉に敬語はある

このほか、アジア各国の言葉は、それぞれ複雑な敬語の体系を持っています。中でも日本語に一番近いのは、やはり韓国・朝鮮語のようです。日本語と同じく尊敬語、謙譲語があるばかりでなく、ていねい語は、さらに四段階に分かれているのだそうです。（南不二男『敬語』）

「上称」は、格式ばった丁重なスタイル、「中称」は、大人同士で軽い敬意を示す。「等称」は、子ども扱いはできないが目下に対するもので、「下称」は、相手への敬意がゼロの場合なのだそうです。日本語よりよっぽど複雑ですね。

また、日本語と違って「絶対敬語」というものがあります。たとえば日本語では、自分の父親のことを「父が〜と申しました」とへりくだった言い方をします。尊敬語は使いません。このように、状況に応じて言葉づかいが変わる敬語を「相対敬語」と言います。

これに対して韓国・朝鮮語では、目上の人に対しては、常に敬語を使います。他人と話していても、「私のお父さんは、こうおっしゃっていました」というように使うのですね。話し相手に左右されずに常に敬語を使うので、「絶対敬語」と呼ぶのです。

こうしてみますと、世界のどこへ行こうと、敬語や敬語的な表現があることがわかります。たとえ文化は違っても、人間は、結局は同じような発想をするのだなあ、という気がします。

敬語は相手への思いやり

世界各国に敬語が存在するということは、たとえやっかいなものでも、必要があるからなのでしょう。

国立国語研究所が、一般企業の社員と中学・高校生を対象に、敬語について共通した質問をしたことがあります。

次の二つの意見のうち、あなたの意見に近い方を選んで下さい。

ア　敬語は上下の規律が守れ、仕事（授業やクラブ活動）を進める上で不可欠だ。

イ　敬語は堅苦しくて面倒だから、会社（学校生活）にはかえって邪魔になる。

回答結果は、アを選んだ人が圧倒的多数でした。企業の社員で七〇パーセントから九三パーセント、中学・高校生で六八パーセントから七六パーセントでした。（『月刊言語』一九九九年一一月号の杉戸《すぎと》清樹《せいじゅ》論文）

やはり敬語は必要だ、ということになるようです。でも、形ばかりの敬語では、かえって相手の感情を害することもあります。

敬語とは、相手の立場、事情に配慮した言葉づかいのことです。話し相手への配慮をすること、相手への思いやりは、会話の潤滑油となり、気まずい思いをせずに会話が進む働きを持っています。

敬語の使い方はむずかしいかもしれませんが、人間関係に気を配れば、敬語の使い方も上達すると私は考えています。

敬語の使い方が上手な人は、人間関係に気配りできる人であり、その人が社会人としての常識を持っているかどうかの尺度《しやくど》にもなるのです。就職試験の面接で、敬語の使い方をチェックする会社は、こうした観点を持っているはずです。

「相互尊敬」の敬語使用を

一九五二年（昭和二十七年）、文部省は『これからの敬語』という基本方針をまとめて発表しました。

この中で、

「これまでの敬語は、旧時代に発達したままで、必要以上に煩雑《はんざつ》な点があった」

と前置きした上で、

「これまでの敬語は、主として上下関係に立って発達してきたが、これからの敬語は、各人の基本的人格を尊重する相互尊敬の上に立たなければならない。（中略）奉仕の精神を取り違えて、不当に高い尊敬語や、不当に低い謙そん語を使うことが特に商業方面などに多かった。そういうことによって、しらずしらず自分の人格的尊厳を見うしなうことがあるのははなはだいましむべきことである」

と国民に呼びかけています。

必要以上に敬意を払ったり、自分を卑下《ひげ》したりすることなく、同じく対等な人間としての使い方を求めているのです。民主主義の世の中では、当然のことではないでしょうか。

敬語に神経質にならないで

心のこもっていない敬語の使い方について、池田弥三郎さんは、こう指摘しています。

商店が本日休業のことを「本日は休業いたします」と表記していたのが、それではお客様に対して失礼ではないか、という懸念《けねん》から「休ませていただきます」に変化し、それでも足りないとなると、「休まさせていただきます」になる。

このままでは、「休まさせて、いただかせて、いただきます」とエスカレートしていくのではないか、と指摘しています。

その上で、「相手に対する敬意が、形式的でなく、まず相手があって、そこから発してくる言い方であることが、一にも二にも、大事なのだ。その心持ちがあれば、多少の誤りや言いぞこないは、許されるはずである」と述べています。この発言、一九六九年（昭和四十四年）のことです。

（池田弥三郎『暮らしの中の日本語』）

ちっとも古さを感じさせません。

敬語に神経質になる必要はありません。相手への敬意をちっとも持っていないのに、仕方なしに敬語を使っても、相手の心に届きません。

たとえ少しぐらいおかしかったり、たどたどしかったりしても、気持ちが伝われば、十分会話の潤滑油になるのです。

日本語の問題点⑳　敬語は今後どうなる？

今後、敬語はどうなっていくのでしょうか。山口仲美さんは、『國文學』一九九五年一二月号の論文の中で、敬語の簡素《かんそ》化が進むだろうと予測しています。

日常会話の中から最高の敬意を込めた表現が減少していることを指摘した上で、単語の形として存在する尊敬語が衰え、代わりに「れる」「られる」をつければ尊敬表現になるという簡単なパターンになりつつあると分析しています。

その結果、今後、尊敬語や謙譲語は後退し、代わって、ていねい表現が主役の座に座るだろうと予測しています。

「敬語が、身分の上下を示すものではなく、人と人との円滑なコミュニケーションのための道具となりつつあるからである」

第九章　日本語は美しい

年輩の人たちにとっては「ムカつく」若者たちの言葉づかい。意味不明の用法。そして明らかな誤用。こうした言葉の現状を見ると、「日本語が乱れている」と怒りたくなります。

しかし、これまで見てきたように、こうした「乱れ」は、その多くが客観的には「ゆれ」と呼ばれるものです。単なる流行語は、私の若い頃にもずいぶんありましたが、そのほとんどは、現在姿をとどめていません。「チョベリバ」のようなたぐいの流行語は、いっときは年輩者の眉をひそめさせるものの、やがて姿を消していきます。

言葉は変化するもの

そうした〝生存競争〟に勝ち抜いた新しい言葉づかいは、やがて社会に定着し、日本語の様相を変化させていきます。言葉は生きているから、変化するのです。

長い歴史の中では、日本語を放棄《ほうき》する試みもありましたが、しっかり残っています。漢字を減らす動きはありますが、漢字、ひらがな、カタカナの三種類もの文字を駆使する日本語の特徴は、私たちの言語生活を豊かなものにしてくれています。

前の章までは、そうした日本語の現状と歴史、敬語の意味などについて考えてきました。最終章では、私たちが日頃あまり気がつかない日本語の特性について、整理してみましょう。

算数が得意なのは日本語のお蔭

最近は大学生の学力低下が問題にされていますが、それでも日本人の小学校、中学校レベルの算数・数学の能力は、国際的にきわめて高い位置にあります。この算数の力は、日本語のお蔭も大きいということ、考えたことがありますか？

それは、日本語に同音異義語が多く、数字もさまざまな読み方ができる、という日本語の特性によるのです。

みなさんは、小学校のとき、かけ算の九九を、語呂合わせで覚えませんでしたか？二かける二が四を「ににんがし」、二かける三を「にさんがろく」というように。リズムをつけて。

あるいは$\sqrt{2}$を「一夜（ひとよ）一夜（ひとよ）に人見頃（ひとみごろ）」、$\sqrt{5}$を「富士山麓《さんろく》にオーム鳴く」と覚えませんでしたか。

「富士山麓にオーム鳴く」では、オウム真理教の本部が富士山麓にあったことから、まるでこれを予言したかのような語呂合わせだと話題になったものです。警視庁がオウム真理教の強制捜査に踏み切るとき、この語呂合わせを使って、部内で「ルート5」作戦と呼んでいたほどです。

円周率の三・一四一五九二六五という数字も、「産医師、異国に向こう」と覚えることができます。

日本語の特性が生かせるのは、算数や数学に限りません。日本史ですと、都を京都に移した年を七九四年＝「鳴くよウグイス平安京」、鎌倉幕府成立の年一一九二年を「イイクニ作ろう」などと覚えたものです。

こんなことができるのも、数字の一を「ひと」と読んだり「い」と読んだり、二を「に」や「ふた」と読んだりすることができるからです。

こんな芸当は、日本語以外の言語では、ちょっとむずかしいでしょう。日本人が買い物の金額を暗算で出したり、歴史の年号を簡単に言えたりすることに外国の人たちは驚きますが、日本人としては、別段特別なことではありません。それは、日本語のお蔭なのです。

私たちは、日本語の特性の恩恵《おんけい》を、知らないうちに受けているのです。

言語をめぐって国論が対立しない

私たちが国内で旅行中に道に迷い、通りかかった人に道を聞くとします。このとき、声をかける相手が日本語が理解できることを、私たちは当たり前のことと思っています。でも、国によっては、当たり前のことではないのです。アメリカでは、英語が話せず、スペイン語しか理解できない人が、大変な数に上っています。こうした人たちのために、ニューヨークの地下鉄では、広告やお知らせなどを、英語とスペイン語で併記《へいき》することがごく当たり前になっています。

カナダは一応英語圏ということになっていますが、東側のケベック州は、フランス語を話す人が圧倒的で、交通標識など、フランス語優先です。カナダ本国からの分離独立運動も続いています。

日常使う言葉が違うと、別の国になりたいという欲求にまで高まるのですね。

スペイン国内でも、バスク語を話すバスク地方と、カタロニア語を話すカタロニア地方で、スペインからの分離独立運動が盛んです。ときにはテロまで起きています。

英語の本家イギリスでも、国内にはウェールズ語やゲール語、アイルランド語を使う人々がいます。

フランス語に誇りを持つフランス人の本国でも、バスク語やカタロニア語を話す人たちがいます。ドイツと領土を奪い合ったアルザス地方には、ドイツ語を話す人も多いのです。

これがアジアになりますと、インドのように一五もの公用語を持つ国もあります。インドの紙幣には、一五の文字が書かれているのです。地域によって使う言葉が異なるため、共通語として英語が広く使われています。

文字は漢字だけという中国でも、首都北京と南部の広州では、発音がまったく違い、話が通じません。同じ国の人同士が筆談で意思の疎通《そつう》をはかる、ということすら起きています。

日本にはアイヌ語もありますが、日本人なら日本語が話せるはずという〝常識〟が存在しています。日本人は「日本語人」であるのが当たり前と考えられているのです。日本国内で、どの言葉を話すかで社会的緊張が高まったり、分離独立運動が起きたりしないのは、実は大変恵まれたことなのです。

大学教育を母国語で学べる幸せ

日本人はごく当たり前と思っていても、実は幸せなこと、というのは、ほかにもあります。大学の授業を日本語で受けられるということです。

最近では、英語力をつけるために、授業を英語で行う大学も出てきましたが、私たちは、日本語で授業をするのを、ごく当然のことと思っています。

ところが、アジアやアフリカ諸国では、大学の講義が英語やフランス語でしか行われていないところが、いくつもあるのです。アジアやアフリカ諸国から来た留学生が流暢《りゅうちょう》な英語を話すことがありますが、彼らは、英語ができなければ、母国の大学の授業を受けられないのですから、当たり前のことなのです。

日本は、明治時代、当時の人たちが、欧米から入ってきたさまざまな科学用語や社会科学の概念を、必死になって日本語の言葉に置き換え、新語を作り出すことで、翻訳しました。この結果、日本人は早くから日本語で大学教育が受けられました。これが、日本が急速に欧米に追いつくことのできた理由のひとつなのです。

欧米の概念を自国の言葉に置き換えたり、新しい言葉を作り出したりすることができなかった国は、原語で大学の授業を受ける状態が続いているのです。

もちろん、こうした国々は、長く植民地にされていたことも大きな原因でしょうが、こうした国に比べて、当たり前のように日本語で大学の授業を受けている日本人は、実は大変恵まれているのです。その結果、大学を出ても満足に英語が話せない、という別の弊害《へいがい》が生まれていますが。

母国語と母語はどう違う?

アメリカで育った日本人女性の葬儀《そうぎ》でのこと。アメリカの学校で一緒だった日本人の友人女性が弔辞《ちょうじ》を読みました。二人は完全なバイリンガルで、二人だけの会話は英語だったそうです。弔辞ははじめ日本語で、友人は過去のエピソードを淡々と語っていました。ところが、途中から英語で話し始めました。

“Noriko, remember? We all loved you so much.”(N子、覚えているでしょう、私達がみんなあなたを心から愛していたことを)

そして突然声をつまらせました。「母国語《ぼこくご》と言ってよい英語に切り換わったとたん、想いがこみ上げあふれ出たのである」これは、お茶の水女子大学教授の藤原正彦《ふじわらまさひこ》さんが紹介しているエピソードです。(『本』一九九九年一一月号)

この話の最後に藤原さんは、「頭で覚えた外国語と、心と体で覚えた母国語とは、本質的に違うのだ」とまとめています。まさに、母国語の力強さを物語っています。

母国語とは、読んで字のごとく、「母国の言葉」です。私のような日本生まれの日本育ちにとっては、日本語が母国語です。そんなこと当たり前ではないか、ということになるかもしれませんが、人によっては、母国語イコール日本語になりません。

日本国内に約六〇万人いる在日韓国・朝鮮人の二世、三世にとっての「母国語」とは、どの言葉でしょう。この人たちの国籍が韓国や朝鮮である以上、「母国語」は韓国語・朝鮮語のはずです。でも、この人たちが日本で生まれ、自然に身についた言葉が日本語であれば、日本語は何に当たるのでしょうか。これが、「母語《ぼご》」なのです。

「母語」とは、本人が意識しないで自然に身についた言語のことです。さきほどの藤原さんのエピソードに出てくる弔辞を読んだ女性にとっての「母語」は、英語になるのでしょう。

多くの日本人にとっては、母国語イコール母語ですが、そうでない場合もあるのです。これが海外へ行けば、さらにはっきりします。アメリカのオルブライト国務長官（日本の外務大臣に当たる）は、ヨーロッパのチェコスロバキア生まれで、アメリカに移民してアメリカ国民になった人です。この人にとって母国語とは英語ですが、母語はチェコ語ということになります。いまでは、そのチェコスロバキアもチェコとスロバキアに分裂してしまいましたが。

私たちが言葉について話をする場合、気軽に母国語という言い方をすることがありますが、国際的に通用する言い方としては、母語のほうがふさわしい場合もあるのです。

日本語の問題点㉑　国語か日本語か

私たちが小学校で習ったのは「国語」という教科でした。「国語」と呼ぶことに何の疑問もありませんでしたが、最近では、日本語を学ぶ外国人が増える中で、いつまでも「国語」と表現するのはおかしい、という議論が起きるようになりました。

外国人にとっての「国語」とは、その人の国の言葉を意味するだけであり、日本語のことではありません。

しかしいまや日本語は、日本人だけのものではなくなりました。世界の多くの国で日本語講座が生まれ、日本語を学びに来る外国人も増えました。私たちの言葉を客観的に見ることができるようにするためにも、「国語」ではなく「日本語」と呼ぼう、という動きがあるのです。

言葉は一〇〇〇年の時を超える

西暦二〇〇〇年を記念して二〇〇〇円札が発行されます。紙幣の裏は、一〇〇〇年前に書かれた『源氏物語』です。二〇〇〇年の節目《ふしめ》に、一〇〇〇年前の文化遺産を見直そうというのが、『源氏物語』登場の理由です。

同じ文化遺産でも、建物や美術品は古びてしまいますが、言葉はそのまま残っています。一〇〇〇年の時を超えて、私たちは、その時代の文学にひたることができます。言葉が生命力を失わないからです。

その生命力を現代に生かすために、『源氏物語』は、過去にさまざまな翻訳の試みが行われてきました。

有名な文学者だけでも、谷崎潤一郎《たにざきじゅんいちろう》、与謝野晶子《よさのあきこ》、円地文子《えんちふみこ》、田辺聖子《たなべせいこ》、瀬戸内寂聴《せとうちじゃくちょう》といった人々が、それぞれの時代の「現代語」訳をしています。

さらに最近は、コミックにする試みもあります。「週刊こどもニュース」の出演者の子どもたちは、『源氏物語』をマンガだと誤解していたほどです。

たとえば『源氏物語』の冒頭の有名な文章は、こうなっています。

いづれの御時にか。女御・更衣、あまたさぶらひ給ひけるなかに、いと、やむごとなき際にはあらぬが、すぐれて時めき給ふ、ありけり。（『源氏物語　一　山岸徳平校注』岩波書店）

＊

これを瀬戸内寂聴さんは、こう訳します。

いつの御代のことでしたか、女御や更衣が賑々しくお仕えしておりました帝の後宮に、それほど高貴な家柄の御出身ではないのに、帝に誰よりも愛されて、はなばなしく優遇されていらっしゃる更衣がありました。（『源氏物語　巻一　瀬戸内寂聴訳』講談社）

＊

一方、尾崎左永子《おざきさえこ》さんは、こう訳しています。

むかし、どの帝の御代のことでありましたか、女御・更衣などたくさんのお妃がお仕えしている中に、さほどご身分の高い方ではありませんのに、ひときわ帝のご寵愛を受けている方がいらっしゃいました。（『新訳　源氏物語　一　尾崎左永子訳』小学館）

＊

さらに、橋本治《はしもとおさむ》さんは、

いつのことだったか、もう忘れてしまった—。（『窯変《ようへん》　源氏物語　一　橋本治訳』中央公論社）

と、光源氏のモノローグの形で翻訳するという試みをとっています。

一〇〇〇年も前の文学作品を、私たちは、さまざまな翻訳作品を通じて気軽に読むことができます。これまで再三《さいさん》書いてきましたように、日本語は常に変化してきました。その結果、紫式部《むらさきしきぶ》本人が書いた表現は、現代の私たちには理解がむずかしくなりました。

しかし、言葉の力は、その一〇〇〇年の時を超えて、私たちに理解可能な美しい日本語に置き換えることを可能にします。一〇〇〇年前の華麗《かれい》な恋愛物語を、新鮮な気持ちで読むことができるのです。

こんなとき、私は「日本語は美しい」と感動するのです。

アイラブユーをさまざまに言える

英語で愛を直接伝える言葉は、アイラブユーでしょう。これが日本語になりますと、「愛している」だけでなく、「好きだよ」「君が好きだ」「僕は君が好きだ」「オレはお前のことが好きだ」「君のことが好きなんだよ」など、数かぎりないバリエーションが考えられます。

日本人は欧米人に比べ、感情を表面に出さないと言われますが、日本語では、微妙なニュアンスをさまざまに表現できるのです。

私は、こんなとき、「日本語は豊かだ」と感じるのです。

人間は言葉で心を伝える

この豊かな日本語を、私たちは日頃、どれだけ活用しているのでしょうか。使える言葉が多ければ、さまざまな思い、気持ちを他人に伝えることができるはずです。豊富な語彙=言葉の倉庫を持っていれば、さらに豊かな言葉を紡《つむ》ぎ出せるはずです。

語彙が少なければ、自分の頭の中、心の中の思いを、十分に相手に届けることができません。語彙とは、他人に気持ちを届ける郵便物の封筒だと考えてみてはどうでしょうか。封筒の容量が大きければ、たくさんの思いが入ります。封筒が小包くらいの大きさにまでなるかもしれません。

もし封筒が小さければ、言葉にできないさまざまな気持ちが、封筒からこぼれ落ちてしまい、相手のもとに届きません。自分の心を伝えるのは、結局は言葉なのですから。

日本語を武器に

国際会議で、日本の代表が世界各国の代表とやり合う場面も増えました。

アメリカからの牛肉の輸入を増やさないようにしようと奮戦《ふんせん》したある政治家は、「日本人の胃腸はアメリカ人に比べて長く、日本人は牛肉を大量に食べることができない」と主張しました。

スキーの板の輸入をめぐっては、「日本の雪の質は海外と異なるので、日本にふさわしくない板の自由な輸入は認められない」という議論が行われたこともあります。

日本は戦後、外国との交渉に武器を使わない平和国家としてスタートしました。平和に交渉するということは、言葉を武器に使うということです。その自覚が、私たち日本人に、どこまであるのでしょうか。「日本は異質です」という弁解ばかりしていたのでは、言葉で海外に負けてしまいます。

アメリカの政治家は、持てるあらゆる言葉を総動員して戦っています。大統領は、自分のピンチを、言葉によって切り抜けています。

そんな言葉の力を、私たちも身につけないと、これからの国際化の時代を生き抜いていくことはむずかしくなります。

とりわけ日本の政治家には、言葉で相手を説得し、言葉で人々の共感を得る力が求められています。

私たちの日本語は、過去に何度も革命的な変化を経験しました。話し言葉としてのやまと言葉しかなかった時代に、大陸から入ってきた漢字をたくみに利用して、新しい日本語の言語体系を築きました。

明治の初めに流入した西洋の文化を、当時の日本人は、見事に日本語に翻訳することで、日本風にアレンジして吸収しました。

そしていま、私たちは、過去に経験したことのない激動の時代に生きています。海外の新しい科学や文化を一方的に吸収するばかりでなく、私たちの文化もまた、海外に発信していかなくてはなりません。

私たちの考え、立場を、言葉で海外の交渉相手に伝え、相手を説得しなければなりません。それだけの力を、私たちは、そして私たちの代表は、備えているでしょうか。

私たちの美しい日本語を、どう生かし、発展させていくのか。それが、日本語という言葉を受け継いだ私たちの責任なのです。

あとがき

恥をしのんで告白しますと、かつて私は、自動車運転免許試験の学科試験に落ちたことがあります。大変珍しがられました。

もちろん、私の交通法規に関する知識が足りなかっただけなのでしょうが、「正しいものを選べ」という選択問題で、選択肢《せんたくし》の文章の「てにをは」がおかしかったり、文法的に意味が通らなかったりするのに気をとられているうちに、何が何だかわからなくなってしまったのです。

次の試験では、何も考えずにぱっと見た目の直感で正しそうなものを選んでいったら、合格しました。

どうも、日本語の細かいところにこだわる（これは「こだわる」の本来の使い方）性格で、こんな結果になったのですが、そんなこだわり（これは新しい用法です）の精神を発揮《はっき》して、こんな本を書いてみました。

＊

この本で私が言いたかったことをまとめますと、次のようになると思います。

言葉は生きているから変化するものであること。

言葉の省略形や誤用が、やがて社会の多数派になって定着すること。

私個人としては、言葉の合理的な変化は認めるが、できれば伝統を尊重し、論理的な間違いは指摘しながら、美しい日本語を残すべく努力をしていきたい、ということです。

「言葉は生きているから変化する」ことを繰り返し強調した私ですが、渋谷の街角で、女子高校生たちが「ウッソー、マジでェ?」などという会話をしているのを聞いてしまうと、「変化はどちらの方向に進んでいるのだろう」と不安にさいなまれることもしばしばです。

ですが、言葉の持つ力と、それを使う人間の叡知《えいち》を信頼しましょう。


講談社生活文化局長の古屋信吾さんから話をいただいたときには、果たしてどんな本になるか五里霧中《ごりむちゅう》(これは「五里霧・中」と読みます)でしたが、編集者の岡部ひとみさんに励まされ、ここまで来ました。

私自身、日本語について語るのはおこがましいかぎりです。そんな資格がないことは重々承知しながら、蛮勇《ばんゆう》を発揮してしまいました。

今回、この本を書いてみて、いかに自分が日本語を知らないかをあらためて痛感しました。身の程知らずが書いた本ではありますが、これをきっかけに、日本語の不思議さ、面白さ、美しさに関心を持っていただければ、こんなにうれしいことはありません。

私の知り合いのアナウンサーは、一人娘に「言葉」（ことは）と名づけました。言葉に敏感で、美しい言葉を愛するアナウンサーらしい命名に感心したものです。私たちの言葉も、美しく成長することを願っています。

主要参考文献

青木雨彦『ここがヘンだよ日本語』KKベストセラーズ
浅井信雄『マカオ物語』新潮社
池田弥三郎『暮らしの中の日本語』筑摩書房
石川九楊『二重言語国家・日本』日本放送出版協会
石山茂利夫『今様こくご辞書』読売新聞社
井上史雄『日本語ウォッチング』岩波書店
岩波書店辞典編集部編『ことばの道草』岩波書店
岩淵悦太郎『日本語を考える』講談社
江國滋『日本語八ツ当り』新潮社
NHKアナウンス室編『失敗しない話しことば』河出書房新社
大野晋『日本語練習帳』岩波書店

大野晋『日本語の起源　新版』岩波書店
『大野晋の日本語相談』朝日新聞社
奥秋義信『ちょっと迷う　とっさの敬語』講談社
加賀野井秀一『日本語の復権』講談社
加納喜光『読めそうで読めない漢字2000』講談社
北原保雄『青葉は青いか』大修館書店
金田一京助『日本語の変遷』講談社
金田一春彦『日本語』
金田一春彦『日本語　新版』岩波書店
金田一春彦『日本語教室』筑摩書房
金田一春彦『日本語の特質』日本放送出版協会
金原巴緋郎『日本語道場』五月書房
久世光彦『ニホンゴ　キトク』講談社
国広哲弥『日本語誤用・慣用小辞典』講談社
国広哲弥『日本語誤用・慣用小辞典〈続〉』講談社

倉島長正『正しい日本語101』PHP研究所
現代国語研究会編『雑学 漢字・ことわざ・四字熟語』永岡書店
見坊豪紀『ことばの海をゆく』朝日新聞社
小池清治『日本語はどんな言語か』筑摩書房
小林千草『ことばの歴史学』丸善
小松英雄『日本語はなぜ変化するか』笠間書院
三省堂編修所編『新しい国語表記ハンドブック』三省堂
三省堂編修所編『ことばの知識百科』三省堂
塩田丸男『文章毒本』白水社
志田唯史『中国漢字と日本漢字』KKベストセラーズ
司馬遼太郎『近江散歩、奈良散歩』朝日新聞社
柴田武『日本語はおもしろい』岩波書店
白川静『漢字』岩波書店
陣内正敬『日本語の現在』アルク
鈴木孝夫『閉された言語・日本語の世界』新潮社

鈴木孝夫『日本語と外国語』岩波書店
鈴木孝夫『日本語は国際語になりうるか』講談社
鈴木孝夫『ことばと文化』岩波書店
瀬戸内寂聴『十人十色「源氏」はおもしろい』小学館
高島俊男『本が好き、悪口言うのはもっと好き』文藝春秋
高島俊男『お言葉ですが…』文藝春秋
高島俊男『お言葉ですが…「それはさておき」の巻』文藝春秋
竹中平蔵・阿川尚之『世界標準で生きられますか』徳間書店
田中克彦『ことばと国家』岩波書店
俵万智『日本語はすてき』河出書房新社
ドナルド・キーン『日本語の美』中央公論新社
豊田国夫『日本人の言霊思想』講談社
永崎一則『正しい敬語の使い方』ＰＨＰ研究所
中村明『センスある日本語表現のために』中央公論社
日本語表現研究会『間違い言葉の事典』ＰＨＰ研究所

野村雅昭・小池清治編『日本語事典』東京堂出版
博学こだわり倶楽部編『日本語　役に立たない博学事典』河出書房新社
花房孝典『コリア　ビギナーズ　ブック』情報センター出版局
本多勝一『日本語の作文技術』朝日新聞社
丸谷才一『丸谷才一の日本語相談』朝日新聞社
丸谷才一編著『国語改革を批判する』中央公論新社
南不二男『敬語』岩波書店
村井実　全訳解説『アメリカ教育使節団報告書』講談社
村石利夫『意外！　本当？　まちがいことば辞典』小学館
山口明穂『日本語の変遷』放送大学教育振興会
『日本古典文学大系6　萬葉集三』岩波書店
『源氏物語　一　山岸徳平校注』岩波書店
『源氏物語　巻一　瀬戸内寂聴訳』講談社
『新訳　源氏物語　一　尾崎左永子訳』小学館
『窯変　源氏物語　一　橋本治訳』中央公論社

『日本語よどこへ行く』岩波書店
『目からウロコ！　日本語がとことんわかる本』講談社
『Ｖｏｉｃｅ』一九九九年一〇月号　ＰＨＰ研究所
『國文學』一九九五年一二月号　學燈社
『月刊言語』一九九九年一一月号　大修館書店
『本』一九九九年一一月号　講談社

池上　彰

1950年、長野県松本市に生まれる。慶應義塾大学経済学部卒業後、1973年、NHK入局。2005年まで32年間、報道記者として、さまざまな事件、災害、消費者問題、教育問題などを担当。1994年から2005年まで、「週刊こどもニュース」のお父さん役を務める。現在は、フリージャーナリストとして多方面で活躍。
著書には『伝える力』(PHPビジネス新書)、『日銀を知れば経済がわかる』(平凡社新書)、『14歳からの世界恐慌入門。』(マガジンハウス)、『知らないと恥をかく世界の大問題』(角川SSC新書)、『そうだったのか! 現代史』(集英社文庫)、『相手に「伝わる」話し方』『わかりやすく〈伝える〉技術』(以上、講談社現代新書)、『大人も子どももわかるイスラム世界の「大疑問」』(講談社＋α新書)などがある。

講談社＋α《プラスアルファ》新書　6-1 C

日本語《にほんご》の「大疑問《だいぎもん》」

池上《いけがみ》　彰《あきら》

2000年3月1日第1刷発行
2011年3月8日第9刷発行

発行者――――鈴木 哲
発行所――――株式会社 講談社
東京都文京区音羽2-12-21 〒112-8001
電話 出版部(03)5395-3532
販売部(03)5395-5817
業務部(03)5395-3615
装画――――三嶋典東
デザイン――――鈴木成一デザイン室
カバー印刷――――共同印刷株式会社
印刷――――慶昌堂印刷株式会社
製本――――牧製本印刷株式会社

ISBN4-06-272007-8